改訂版

# 絶対英語の口になる!

音声DL対応

## リアルな日常英会話で鍛えるシャドーイング大特訓50

SANSHUSHA

長尾和夫+トーマス・マーティン

## はじめに

本書は好評をいただいてきた『絶対「英語の口」になる！ リアルな日常英会話で鍛える シャドーイング大特訓50』の改訂新版です。内容の一部とデザイン全般を刷新し、さらに音声ダウンロードに対応しました。

本書は、中級レベルの学習者にぴったりの難易度のシャドーイング・トレーニングが行えるように企画されたものです。本書のシャドーイング素材は、中学英語を少し超えた難易度を目指すために**「日常よくあるリアルな場面でのやさしいダイアローグ（対話）」**を採用することとしました。

**リアルな日常の会話をシャドーイングすることで、普段着のネイティヴ英語に慣れ親しみ、カラダに染み込ませることが可能**です。また、シャドーイングで身につけた表現を、ネイティヴとのかんたんな会話の中で即活かしてもらえるというメリットもあります。

シャドーイングとは、ネイティヴのナチュラルな英語の音声に**ほんの少し（0.5 秒ほど）遅れながらぴったりと着いて**、ネイティヴの英語をそっくり**真似しながら自分自身で発話するトレーニング**です。

特に英会話の初心者や中級の学習者が**基本的な内容の英文を繰り返しシャドーイング**することは、英語の多様な機能表現をカラダに定着させ、自らの発話能力を高めることに大きく貢献してくれます。

シャドーイングのトレーニングを継続的に行うことで、学習者は、具体的に次のような能力を身につけることが可能です。

1 ネイティヴが話す自然な速度の英語を聴解する基礎的なリスニング力が身につく。ネイティヴの発音変化の基本的な特徴やリズムがわかる。［理解力・リスニング力］

2 ネイティヴ・スピードの美しい英文をシャドーイングすることで、きれいな発音と正確な英文を無意識にカラダに染み込ませることができる。［発音力・英語の脳トレ］

3 正しい英文を正しい発音で瞬時に、また変形・応用させながら発話できる反射神経を鍛えることができる。［スピーキング力・応用的な発話能力］

シャドーイングは地味なトレーニングではありますが、実はこのように効果絶大な語学学習法のひとつなのです。

すでに冒頭でも述べましたが、上述の効果をもつトレーニングを紙面で実現するため

に、本書では、

**「ネイティヴのリアルな日常英会話」**

をシャドーイング素材として採用することにしました。

中学英語よりも少し難しいレベルの英文を含んでいますが、極端に難易度の高い会話表現は極力避けるように心がけたつもりです。ただし、非常にナチュラルな英語のダイアローグですので、そのまますぐにネイティヴとの会話に応用することができると思います。本書を使用すれば、シャドーイング練習を行いながら、日常英会話に頻繁に登場する文型や、英単語、決まり文句などを同時に身につけることが可能なのです。

本書に登場するダイアローグは難しいものではありませんが、本書を使ったトレーニングは、シャドーイング未体験の読者のみなさんには、なかなか骨の折れる作業になるものと予想できます。**単なる英文の理解と、「シャドーイングにおける瞬時の聴解や発話」とは根本的にレベルの異なる作業**だからです。

いくら文字面で英語が理解できても、聴き取れない、あるいは自分では話せないのが実際の英会話というものです。なぜいつまでたっても英会話ができないのかと言えば、それは本書で紹介するシャドーイング・トレーニングのようなアウトプットの練習の欠落、あるいは大幅な不足に大きな原因があるためです。

ですから、本書の内容が基本的な日常会話だからとバカにせず、一度、本書を使ってシャドーイングにトライしてみてください。**思いのほか難しいことに舌を巻いてしまう方も多い**ことでしょう。

自分では英語はまあまあできると思っている人でさえ、こと**シャドーイングとなるとそれほどかんたんにはいかないもの**なのです。

本書の各ユニットでは、リアルな日常のダイアローグ（40秒前後）の完全なシャドーイングを目指しますが、まず、1〜4のステップで徐々に本格的なシャドーイング練習に導きます。Step 4が本来のシャドーイングと言える部分ですが、それ以前の3ステップでその準備を行います。またStep 4のあとには追加のシャドーイング練習も行います。

Step 1 センテンス単位で文法・語い・発音をチェック。**センテンスの理解学習**

Step 2 スロー・スピードのDL音声に合わせて、**センテンス単位のシャドーイング練習**

Step 3 ナチュラル・スピードのDL音声に合わせて、**センテンス単位のシャドーイング練習**

Step 4 ナチュラル・スピードのDL音声に合わせて、ダイアローグ全体をシャドーイング練習（男女パート別のシャドーイング＋男女両パート同時のシャドーイングまで）

＋α・シャドーイングのシャドーイング練習。ナチュラル・スピードのDL音声に合わせて、テーマに関連した多様な表現をシャドーイング練習

Step 1では、文法事項や語句、発音のポイントの解説をこまかく施し、英会話学習から遠ざかっていた読者のみなさんでも学習で困らないような仕組みとなっています。このステップをヒントに英文を徹底的に理解しましょう。

次に、Step 2と3では、センテンスごとに、スロー・スピードとナチュラル・スピードの2段階でシャドーイングを行います。やさしいセンテンスを繰り返しシャドーイングすることで、基本的な英語の構造がカラダに染み込み、自分の中に取り込まれます。また、練習した英語が自然と口をついて出てくるようになり、ネイティヴらしい発音も定着します。

**それぞれのStepでは、最初にテキストを開き文字を見ながらシャドーイングを行いましょう。それが完全にできるようになれば、テキストを伏せDL音声だけを頼りにシャドーイング特訓を行ってください。DL音声だけでシャドーイングできるようになれば各ステップは合格です。DL音声だけでのシャドーイングは特に難しいので、くじけず忍耐強く特訓を続けましょう。**

次のStep4では、Step1〜3で学んだ内容をひとまとめにしたダイアローグをナチュラル・スピードの英語に合わせてシャドーイングします。ある程度の長さをもったダイアローグのシャドーイングを行うことで、ここまでに学習した英文をいっそう定着させることが可能です。

**ここでも、まずはテキストを見ながら、その後テキストを伏せて DL音声のみのシャドーイングにチャレンジしましょう。Step 2、3と同様に、DL音声だけでのシャドーイングが完璧にできるようになるまで練習することが大切です。**

また本書では男女のダイアローグを DL音声 に収録していますので、まずは男性パートか女性パートの片方だけのシャドーイングを行い、そのあと逆のパートのシャドーイング、最後に両パート同時にシャドーイングを行いましょう。この 3 パターンのシャドーイン

グを学習すれば、より確実に力をつけることが可能です。

シャドーイングに使用するダイアローグには、ごくふつうの日常の場面で登場する会話ばかりを取り上げているため、実際の英会話にも十分に役立つ表現がたくさん身につきます。50の各ダイアローグで使われている単語やフレーズを身につけることは、みなさん自身の情報発信にも大いに役立ってくれることでしょう。

応用学習である最後の＋α・シャドーイングでは、各ユニットのテーマでの会話により多く接していただくために、さらに8センテンスのシャドーイング素材を提供しています。意欲と余力のある読者のみなさんは、ここでさらに多くのボキャブラリーとセンテンス・パターンを学習することが可能です。

本書の全ユニットでのトレーニングを終えたとき、あるいは何度も練習を積み重ねたとき、読者のみなさんは、ネイティヴがリアルな日常会話で使う表現を駆使して、美しく正確な英語でどんどん話ができるようになっているはずです。英会話**スピーキング学習の王道**のひとつとも言えるシャドーイング・トレーニングとその効果を、ぜひみなさんにも本書で体験していただきたいと思っています。

最後になりますが、本書の出版にご尽力いただいた三修社のスタッフのみなさん、特にオリジナル版の編集をご担当いただいた北村英治氏、今回の改訂版の編集・制作をご担当いただいた黒田健一氏に心から感謝申し上げます。また、改訂版の編集作業全般にご尽力くださった編集プロダクションの本多真佑子氏にも感謝の言葉を申し上げておきたいと思います。

2023 年新春

A+Café 代表 長尾和夫

# 本書の使い方

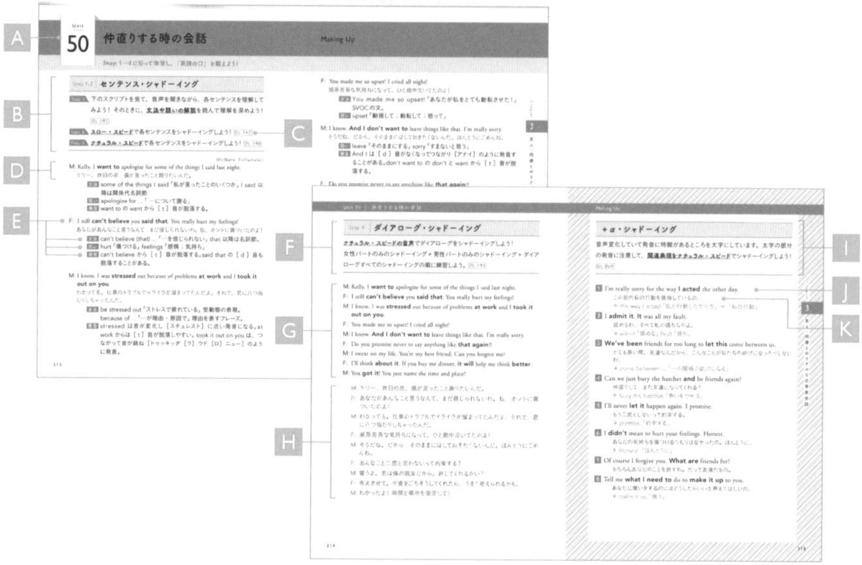


## A ユニット番号＋タイトル

ユニットのナンバーとユニットのタイトルを表示。

## B Step 1-3 センテンス・シャドーイング

**Step 1** センテンス単位で文法・語い・発音をチェック。センテンスの理解学習

文法事項や語句、発音のポイントの解説をチェックして英文を完全に理解しましょう。

**Step 2** スロー・スピードのDL音声に合わせて、センテンス単位のシャドーイング練習

各センテンスをスロー・スピードでシャドーイングしましょう。最初は本を見ながらシャドーイング練習。できるようになったら、本を伏せてDL音声だけを頼りにシャドーイング練習を行います。

**Step 3** ナチュラル・スピードのDL音声に合わせて、センテンス単位のシャドーイング練習

各センテンスをナチュラル・スピードでシャドーイングします。ここでも最初は本を見ながらシャドーイング練習を行い、できるようになったら、本を伏せてDL音声だけを頼りにシャドーイング練習を行います。

## C DLアイコン

各ステップで利用するDL音声のトラック・ナンバーを参照してください。

## D シャドーイング用センテンス

男性・女性両パートのセンテンスを使ってシャドーイング学習を行います（ユニットによってセンテンス数は異なります）。DL音声にはステップ2に用いるスロー・スピードの音声とステッ

プ3で用いるナチュラル・スピードの音声が入っています。このサンプルでは、ステップ2のシャドーイングにはトラック197を、ステップ3のシャドーイングにはトラック198を用いることがわかります。

### E 各種記号・アイコン

M: DL音声 で男性の話すパートにはMとしました。

F: DL音声で女性の話すパートにはFとしました。

文法：学習の手引きのために、文法解説を施しています。

語い：センテンスに登場するボキャブラリーの解説です。

発音：発音するときの注意事項を掲載してあります。

### F Step 4 ダイアローグ・シャドーイング

ナチュラル・スピードのDL音声に合わせて、ダイアローグ全体をシャドーイング練習

ステップ1～3で学習したセンテンスを、ひとつながりのダイアローグにして掲載してあります。ナチュラル・スピードのダイアローグをDL音声で聴きながらシャドーイング特訓を行います。ここでも、最初は本を見ながら、できるようになったら本を伏せてシャドーイング練習を行いましょう。

本書では、最初は男性（あるいは女性）パートのみのシャドーイングを行い、それができるようになったら、逆に女性（あるいは男性）パートのみのシャドーイング、さらに最後に両パート同時のシャドーイングを行うことで、より着実にシャドーイング力をアップすることが可能な仕組みになっています。

### G 英文ダイアローグ

ダイアローグの英文です。

### H ダイアローグ日本語訳

ダイアローグの日本語訳です。

### I ＋α・シャドーイング

追加のシャドーイング練習。テーマに関連した多様な表現をシャドーイング練習

ユニットと同じテーマの英文を8センテンスずつ用意しました。さらに多くの表現を、シャドーイングを通して身につけましょう。

### J 応用英文センテンス

＋α・シャドーイングで使う応用センテンスです。

### K 応用センテンス日本語訳

応用英文センテンスの日本語訳です。

Contents

## Chapter 03 友人・同僚とのリアルな日常英会話

Unit

Chapter

# 01

# 家庭内での
# リアルな
# 日常英会話

Unit

Unit
# 01 朝食についての会話

Step 1～4に沿って学習し、「英語の口」を鍛えよう！

## Step 1-3 センテンス・シャドーイング

Step 1 下のスクリプトを見て、音声を聞きながら、各センテンスを理解してみよう！ そのときに、**文法や語いの解説**を読んで理解を深めよう！ DL 001

Step 2 **スロー・スピード**で各センテンスをシャドーイングしよう！ DL 001

Step 3 **ナチュラル・スピード**で各センテンスをシャドーイングしよう！ DL 002

（M=Male, F=Female）

F: **Good morning**, honey.
ハニー、おはよう。

語い honey「あなた；お前；愛しい人」夫、妻、恋人、子供への呼びかけ。

発音 Good と morning の［ d ］音と［ g ］音が脱落することがある。

M: **Mornin' sweetie**.
やあ、おはよう。

語い sweetie「愛しい人；かわいい人」

発音 Mornin' はすでにスペリングからも［ g ］が脱落しているが、実際の音声でも脱落。sweetie は音が跳ねて［スィーディ[リ]ー］と発音することもある。

F: How **about if** I make us some breakfast? Do you want some eggs?
朝食を作ろうと思うけど？ 卵は欲しい？

文法 How about if ...?「…はどう？」提案を表す構文。

発音 about if はつながって跳ね［(ア) バウディ[リ] フ］のように発音。

M: Coffee and toast will do. I **have to get in** to the office early today. I have to give a presentation to some customers this afternoon.
コーヒーとトーストでいいよ。今日は早めにオフィスに行くから。午後に顧客にプレゼンをしないといけないんだよ。

文法 have to ...「…しなければならない」必要・義務を表す。

語い do「間に合う；役に立つ；ちょうどよい」presentation「プレゼン」customer「顧客」
発音 have to は［ハフトゥー］と発音。get in はつながって跳ね［ゲッデ［リ]ィン］のように発音。

F: Are you sure that's all you want?
ホントにそれだけでいいのね？

文法 all you want「あなたが望むすべてのもの」you want が all を修飾。
語い sure「確かな」

M: If I change my mind, I can always stop **at a** drive-thru on the way.
気が変わったら、いつでも途中のドライブ・スルーに寄れるから。

文法 If A, B「A ならば B」仮定を表す構文。
語い can always ...「いつでも…できる」drive-thru「ドライブ・スルー」on the way「途中で」
発音 at a はつながって跳ね［アッダ［ラ]］のように発音。

F: **Don't** forget, we're **supposed to** have dinner with Tom and Julie **tonight at** seven.
忘れないでね。今夜7時にトムとジュリーといっしょに夕食を取ることになってるんだからね。

文法 Don't ...「…しないで」一般動詞の否定の命令文。
語い be supposed to ...「…することになっている」
発音 Don't から［ t ］音がなくなることがある。supposed to も［ d ］音が脱落。tonight at は音がつながって跳ね［トゥナイダ［ラ]ット］と発音。末尾の［ t ］がなくなることもある。

M: Our **meeting** is from three to five, so I **should be** home by six or so.
ミーティングは3時から5時だから、6時頃までには家に戻ってるはずだよ。

文法 should ...「…のはずだ」推量を表す助動詞。
発音 meeting は音が跳ね［ミーディ[リ］ング］と発音。should be からは［ d ］の音がなくなる。

## Step 4 ダイアローグ・シャドーイング

**ナチュラル・スピードの音声**でダイアローグをシャドーイングしよう！
女性パートのみのシャドーイング ▶ 男性パートのみのシャドーイング ▶ ダイアローグすべてのシャドーイングの順に練習しよう。 DL 003

F: **Good morning**, honey.

M: **Mornin' sweetie**.

F: How **about if** I make us some breakfast? Do you want some eggs?

M: Coffee and toast will do. I **have to get in** to the office early today. I have to give a presentation to some customers this afternoon.

F: Are you sure that's all you want?

M: If I change my mind, I can always stop **at a** drive-thru on the way.

F: **Don't** forget, we're **supposed to** have dinner with Tom and Julie **tonight at** seven.

M: Our **meeting** is from three to five, so I **should be** home by six or so.

F: ハニー、おはよう。

M: やあ、おはよう。

F: 朝食を作ろうと思うけど？ 卵は欲しい？

M: コーヒーとトーストでいいよ。今日は早めにオフィスに行くから。午後に顧客にプレゼンをしないといけないんだよ。

F: ホントにそれだけでいいのね？

M: 気が変わったら、いつでも途中のドライブ・スルーに寄れるから。

F: 忘れないでね。今夜7時にトムとジュリーといっしょに夕食を取ることになってるんだからね。

M: ミーティングは3時から5時だから、6時頃までには家に戻ってるはずだよ。

## ＋α・シャドーイング

音声変化していて発音に特徴があるところを太字にしています。太字の部分の発音に注意して、**関連表現をナチュラル・スピード**でシャドーイングしよう！

DL 004

1 **Good** morning. **Did you** sleep well?
おはよう。よく眠れた？

2 You're up early today!
今朝は早起きだね！

3 **What** do you **want** for breakfast? I can make us some pancakes.
朝食はなんにする？ パンケーキが作れるけど。

4 I'm **not** really hungry this morning. I'm **just going to** have some coffee.
今朝はあまりおなかが空いてないんだ。コーヒーだけにするよ。

5 I just made some fresh coffee. There's cream in the **refrigerator**.
いまコーヒーをいれたよ。クリームは冷蔵庫に入ってるから。

6 I **have a** taste for scrambled eggs **and** bacon.
ベーコン入りのスクランブルエッグが食べたい気分。

7 **How about** some pancakes? We **haven't had** those in a while.
パンケーキはどう？ しばらく食べてないし。
＊ in a while「しばらく」

8 I'm still full from **that big** dinner last night.
昨日の夜たくさん食べたからまだおなかいっぱいだよ。

Unit

# 02 今日の予定に関する会話

Step 1～4に沿って学習し、「英語の口」を鍛えよう！

## Step 1-3 センテンス・シャドーイング

Step 1 下のスクリプトを見て、音声を聞きながら、各センテンスを理解してみよう！ そのときに、**文法や語いの解説**を読んで理解を深めよう！ DL 005

Step 2 **スロー・スピード**で各センテンスをシャドーイングしよう！ DL 005

Step 3 **ナチュラル・スピード**で各センテンスをシャドーイングしよう！ DL 006

（M=Male, F=Female）

M: **What does your** day look like? Busy?

今日はどんな感じ？ 忙しいの？

語い look like ...「…のようだ」

発音 What からは［ t ］音が脱落しやすい。does your は音が混じり合い［ダジュァ］のように発音されることがある。

F: Yes. In fact, I **might have** to stay at the office **pretty** late.

うん、実は、かなり遅くまで会社にいなきゃならないかも。

文法 might have to ...「…しなければならないかもしれない」might は可能性・推量を表す。

語い pretty late「かなり遅くまで」

発音 might have はつながって跳ね［マイダ［ラ］フ］のように発音されることがある。pretty も音が跳ね［プリディ[リ]ー］と発音される場合がある。

M: The boys have soccer practice tonight. Do you **want** me to **pick them** up?

男の子たちは今晩サッカーの練習だよね。僕のほうで迎えにいこうか？

文法 want A to B「AにBしてほしい」不定詞の名詞的用法。

語い practice「練習」pick someone up「…を（車で）拾う」

発音 want の末尾の［ t ］音は脱落しやすい。pick them の them が弱まってつながり［ピッケム］という発音になることがある。

F: That **would** be great. Are you sure you'll **get off** work in time to do that?
それは助かるわ。確実に迎えに間に合う時間に仕事を終えられるの？

- 文法 to do that「そうするために」不定詞の副詞的用法。
- 語い get off work「仕事を終える」in time「間に合って」
- 発音 would の［d］音は脱落。get off はつながって跳ね［ゲッド［ロ］フ］のように発音されることが多い。

M: No problem. I have a **light** day today. They finish around six, right?
問題ないよ。今日の仕事は軽めだから。子供たちは6時頃終わるんだよね？

- 語い light day「仕事量が少ない日」around ...「…時頃」
- 発音 light の末尾の［t］音は脱落しやすい。

F: Yes. Thanks dear, you're a sweetheart. I've **got to** go or I'm **going to** miss my bus.
うん。ありがとう、やさしいあなた。もう行かないとバスに乗り遅れちゃうわ。

- 文法 have got to ... ＝ have to ...「…しなければならない」義務を表す。... or ...「…さもないと…」or のあとには予測される悪い結果を述べる。
- 語い miss「（乗り物などを）逃す」
- 発音 got to は［ガッ_トゥー］あるいは［ガッ_ドゥ[ル]ー］のように発音。going to は［ゴウイン_トゥー］あるいは［ゴナ］のように発音。

M: Have a **great** day. If I take the afternoon off, will you have time for lunch?
よい一日をね。午後休みを取ったらランチする時間はある？

- 語い take the afternoon off「午後を休みにする」
- 発音 great の末尾の［t］音は脱落しやすい。

F: Sorry ... I'm probably **not even going to** have time to eat anything.
ごめんね…おそらくなにか食べる時間さえないかも。

- 文法 time to eat「食べるための時間」不定詞の形容詞的用法。
- 語い probably「おそらく」
- 発音 not even はつながって跳ね［ナッディ[リ]ーヴン］のように発音することがある。going to は［ゴウイン_トゥー］あるいは［ゴナ］と発音。

## Step 4 | ダイアローグ・シャドーイング

**ナチュラル・スピードの音声**でダイアローグをシャドーイングしよう！
女性パートのみのシャドーイング ▶ 男性パートのみのシャドーイング ▶ ダイアローグすべてのシャドーイングの順に練習しよう。 DL 007

M: **What does your** day look like? Busy?
F: Yes. In fact, I **might have** to stay at the office **pretty** late.
M: The boys have soccer practice tonight. Do you **want** me to pick **them** up?
F: That **would** be great. Are you sure you'll **get off** work in time to do that?
M: No problem. I have a **light** day today. They finish around six, right?
F: Yes. Thanks dear, you're a sweetheart. I've **got to** go or I'm **going to** miss my bus.
M: Have a **great** day. If I take the afternoon off, will you have time for lunch?
F: Sorry ... I'm probably **not even going to** have time to eat anything.

M: 今日はどんな感じ？ 忙しいの？
F: うん、実は、かなり遅くまで会社にいなきゃならないかも。
M: 男の子たちは今晩サッカーの練習だよね。僕のほうで迎えにいこうか？
F: それは助かるわ。確実に迎えに間に合う時間に仕事を終えられるの？
M: 問題ないよ。今日の仕事は軽めだから。子供たちは6時頃終わるんだよね？
F: うん。ありがとう、やさしいあなた。もう行かないとバスに乗り遅れちゃうわ。
M: よい一日をね。午後休みを取ったらランチする時間はある？
F: ごめんね…おそらくなにか食べる時間さえないかも。

## ＋α・シャドーイング

音声変化していて発音に特徴があるところを太字にしています。太字の部分の発音に注意して、**関連表現をナチュラル・スピード**でシャドーイングしよう！

DL 008

1 I **need** to **get** to the office early today. Can you take the kids to school?
今日は会社に早く行かないと。子供たちを学校へ連れていってもらえる？

2 I'm **taking** some clients out to dinner tonight so I **won't** be home 'til late.
今夜は顧客を夕食に連れていくから、遅くまで家に戻れないよ。
＊ take ... out「…を外に連れ出す」

3 I'm **not going to** get home in time to cook, so let's order a pizza or something, okay?
夕食を作れる時間に帰宅できないから、ピザかなにかを頼みましょうよ。それでいい？

4 I was **supposed** to fly to New York for a **meeting** tonight, **but it got** canceled.
今夜は打ち合わせをしにニューヨークに飛行機で行くことになっていたんだけど、キャンセルになったの。
＊ get canceled「キャンセルになる」

5 I **decided** to pack a lunch today, so I made one for you too. It's on the table.
今日はお昼にお弁当を作ることにしたから、あなたのも作っておいたわよ。テーブルに載っているから。

6 If I **don't** leave now, I am **going to** get stuck in rush hour traffic.
いま出かけないと、ラッシュの混雑につかまっちゃうよ。

7 Since we are both **going to** be **working** late, why **don't** we **eat out** tonight?
ふたりとも残業なんだから、今夜は外食にするのはどう？

8 I **should** be home by six. I'll call if I'm running late.
6時までには帰宅するはずだよ。遅れるときには電話を入れるよ。

Unit

# 03 今日の天気に関する会話

Step 1〜4に沿って学習し、「英語の口」を鍛えよう！

## Step 1-3 センテンス・シャドーイング

Step 1 下のスクリプトを見て、音声を聞きながら、各センテンスを理解してみよう！ そのときに、**文法や語いの解説**を読んで理解を深めよう！ DL 009

Step 2 **スロー・スピード**で各センテンスをシャドーイングしよう！ DL 009

Step 3 **ナチュラル・スピード**で各センテンスをシャドーイングしよう！ DL 010

（M=Male, F=Female）

F: **You're not** taking your umbrella with you?

傘を持っていかないつもり？

文法 You're not ...?「あなたは…しないつもり？」否定文の形を使った疑問文。

語い umbrella「傘」

発音 You're not は［ユァナッ__］と発音。

M: Why? Is it **supposed to** rain today?

どうして？ 今日は雨になるの？

文法 be supposed to ...「…することになっている；…するはずだ」不定詞の名詞的用法。

語い rain「雨が降る」

発音 supposed to からは［ d ］音がなくなり［サポウズッ__トゥー］と発音される。

F: **Didn't you** hear the weather report? We're **supposed to get** some heavy thunderstorms this afternoon.

天気予報は聞いてないの？ 今日の午後は強い嵐になるはずだよ。

語い weather report「天気予報」thunderstorm「嵐；雷雨」

発音 Didn't you はつながって変化し［ディドゥンチュー］あるいは［ディンチュー］、［ディニュー］と発音。supposed to からは［ d ］音がなくなり［サポウズッ__トゥー］と発音される。get からは［ t ］音が脱落することがある。

## The Weather



M: Wow. I totally **missed that**! How long is the rain **supposed to** last?

へえ。完全に知らなかった！ 雨はどのくらい続くの？

語い totally「完全に」miss「逃す」last「継続する」

発音 missed that からは［ t ］音が脱落しやすい。supposed to からは［ d ］音がなくなり［サポウズッ__トゥー］と発音される。

F: The forecast said **there is** a 100% chance of rain for the next two or three days.

予報ではこれから2日か3日は100%雨の確率になってるわよ。

文法 there is ...「…がある」存在を表す構文。

語い forecast「予報」chance of rain「雨の確率」

発音 there is は［ゼァリズ］あるいは［ゼァ__ズ］と発音。

M: That stinks. Our company golf outing this weekend will probably have to be canceled.

ちぇっ。今週末の会社のゴルフ・コンペはおそらくキャンセルだな。

文法 have to be -ed「…されなければならない」have to に受動態が接続した形。

語い stink「鼻持ちならない；いやになる」outing「小旅行」probably「おそらく」cancel「取り消す；キャンセルする」

F: **At least** it's finally warmer. I thought this winter was never going to end.

少なくともやっと暖かくはなったわよ。この冬は終わらないんじゃないかと思ってたもの。

文法 I thought (that) ...「…だと思った」that 以下は名詞節。

語い at least「少なくとも」

発音 At least からは［ t ］音が脱落し、［アッ__リースト］と発音されることがある。

M: You can say **that again**. Well ... see you **later**.

そのとおりだね。じゃあ、行ってくるね。

文法 You can say that again.「そのとおり」強い同意を表す慣用表現。「あなたはもう一度それを言っていい」が直訳。

発音 that again はつながって跳ね［ザッダ［ラ］ゲン］のように発音。later も音が跳ね［レイダ［ラ]ー］と発音される。

## Step 1 ダイアローグ・シャドーイング

**ナチュラル・スピードの音声**でダイアローグをシャドーイングしよう！

女性パートのみのシャドーイング ▶ 男性パートのみのシャドーイング ▶ ダイアローグすべてのシャドーイングの順に練習しよう。 DL 011

F: **You're not** taking your umbrella with you?

M: Why? Is it **supposed to** rain today?

F: **Didn't you** hear the weather report? We're **supposed to get** some heavy thunderstorms this afternoon.

M: Wow. I totally **missed that**! How long is the rain **supposed to** last?

F: The forecast said **there is** a 100% chance of rain for the next two or three days.

M: That stinks. Our company golf outing this weekend will probably have to be canceled.

F: **At least** it's finally warmer. I thought this winter was never going to end.

M: You can say **that again**. Well ... see you **later**.

F: 傘を持っていかないつもり？

M: どうして？ 今日は雨になるの？

F: 天気予報は聞いてないの？ 今日の午後は強い嵐になるはずだよ。

M: へえ。完全に知らなかった！ 雨はどのくらい続くの？

F: 予報ではこれから2日か3日は100％雨の確率になってるわよ。

M: ちぇっ。今週末の会社のゴルフ・コンペはおそらくキャンセルだな。

F: 少なくともやっと暖かくはなったわよ。この冬は終わらないんじゃないかと思ってたもの。

M: そのとおりだね。じゃあ、行ってくるね。

## ＋α・シャドーイング

音声変化していて発音に特徴があるところを太字にしています。太字の部分の発音に注意して、**関連表現をナチュラル・スピード**でシャドーイングしよう！

DL 012

1 **What is** the weather **supposed to** be like tomorrow?
明日の天気はどうなるの？

2 Did you see the weather forecast? They say it's **going to** snow tonight.
天気予報は見た？ 今夜は雪になるって言ってたよ。

3 The weather report is calling for showers **and** thunderstorms.
天気予報ではにわか雨と雷雨の予報になっているよ。

4 There is snow in the forecast for today.
今日の予報では雪になるって。

5 We're **supposed to** get 2-3 inches of snow tonight.
今夜は 2、3 インチの雪の予報だよ。

6 Today it's **going to** be partly cloudy with a high of 59 degrees.
今日は（晴れ）ときどき曇りで最高気温は 59 度になるよ。
＊ high「最高気温」59 degree「59 度」

7 This drought is **expected to** continue for several weeks.
この日照りは数週間続く予想になっているよ。
＊ drought「日照り続き」

8 Hurricane Melissa is **expected to** make landfall in Miami tomorrow.
ハリケーン・メリッサは明日マイアミに上陸する予測だよ。
＊ make landfall「上陸する」

Unit
# 04 病欠の電話連絡

Step 1～4に沿って学習し、「英語の口」を鍛えよう！

## Step 1-3 センテンス・シャドーイング

Step 1 下のスクリプトを見て、音声を聞きながら、各センテンスを理解してみよう！ そのときに、**文法や語いの解説**を読んで理解を深めよう！ DL 013

Step 2 **スロー・スピード**で各センテンスをシャドーイングしよう！ DL 013

Step 3 **ナチュラル・スピード**で各センテンスをシャドーイングしよう！ DL 014

（M=Male, F=Female）

F: I'm **not going to make it in** to work today. I'm not feeling well.
今日は仕事に行けそうにないんです。具合がよくないんです。

文法 I'm not feeling well.「具合がよくない」SVCの文型が進行形になったもの。

語い make it in to work「（なんとかして）仕事に行く」not feel well「気分がよくない」

発音 not going to は［ナッ__ゴウイン__トゥー］あるいは［ナッゴナ］のように発音。make it in はつながったり跳ねたりして［メイキッディ［リ］ン］のように変化する。

M: You **sound terrible**! What's wrong?
ひどい様子だね！どうしたのさ？

文法 You sound terrible. こちらもSVCの文型。S＝Cの関係になっている。

語い What's wrong?「どうしたの？」不調そうな相手の調子をたずねる決まり文句。

発音 sound terrible からは［ d ］音が脱落することがある。

F: I was up coughing all night, and now I **have a** slight fever.
一晩中、咳で眠れなくて、いまは少し熱があるんです。

文法 be up coughing「咳をしながら起きている」coughing は現在分詞。

語い all night「一晩中」slight fever「微熱」

発音 have a はつながって［ハヴァ］のように発音。

## Calling In Sick



M: Sounds like you're **coming down** with the flu. I hear it's **going around**.
インフルエンザになりかけてるみたいな様子だね。流行しているらしいよ。

語い come down with ...「…(病気)になる」go around「(病気が)流行する」

発音 coming down からは［g］音が脱落する場合がある。going around から［g］音が脱落しつながって［ゴウイナラウンド］という発音になる場合がある。

F: Yeah. I think I **caught it** from my kids. They were both sick last week.
ええ、子供からうつったんだと思います。先週ふたりとも具合が悪かったんですよ。

語い catch「(病気に)感染する」both「両方とも；ふたりとも」

発音 caught it はつながって跳ね［コーディ[リ]ッ(ト)］のように発音。

M: Okay, well, stay home and **get** some rest. I hope you feel **better** soon.
わかったよ、そうだね、家で少し休みなさい。早くよくなるといいね。

文法 stay home「家にいなさい」動詞の原形で始まる命令文。

語い rest「休息」

発音 get から［t］音が脱落することがある。better は音が跳ね［ベダ[ラ]ー］のように発音。

F: I **appreciate it**. I think I'm **going to** make a doctor's appointment for this afternoon.
ありがとうございます。今日の午後には医者の予約を入れようと思ってます。

語い appreciate「感謝する」appointment「(医者の)予約」

発音 appreciate は音が跳ね、it からは［t］音が脱落する場合がある。その場合は、［(ア)プリーシェイディ[リ]ッ__］のような発音になる。going to は［ゴウイン__トゥー］あるいは［ゴナ］と発音。

M: Just call if you **need to** take tomorrow off too.
明日も休みにしなければならないときは、電話をくれればいいからね。

文法 Just call「ただ電話してください」命令文に Just がついたもの。

語い take tomorrow off「明日を休みにする」

発音 need to からは［d］音が脱落する傾向にある。

## Step 4 ダイアローグ・シャドーイング

**ナチュラル・スピードの音声**でダイアローグをシャドーイングしよう！
女性パートのみのシャドーイング ▶ 男性パートのみのシャドーイング ▶ ダイアローグすべてのシャドーイングの順に練習しよう。 DL 015

F: I'm **not going to make it in** to work today. I'm not feeling well.

M: You **sound terrible**! What's wrong?

F: I was up coughing all night, and now I **have a** slight fever.

M: Sounds like you're **coming down** with the flu. I hear it's **going around**.

F: Yeah. I think I **caught it** from my kids. They were both sick last week.

M: Okay, well, stay home and **get** some rest. I hope you feel **better** soon.

F: I **appreciate it**. I think I'm **going to** make a doctor's appointment for this afternoon.

M: Just call if you **need to** take tomorrow off too.

F: 今日は仕事に行けそうにないんです。具合がよくないんです。

M: ひどい様子だね！どうしたのさ？

F: 一晩中、咳で眠れなくて、いまは少し熱があるんです。

M: インフルエンザになりかけてるみたいな様子だね。流行しているらしいよ。

F: ええ、子供からうつったんだと思います。先週ふたりとも具合が悪かったんですよ。

M: わかったよ、そうだね、家で少し休みなさい。早くよくなるといいね。

F: ありがとうございます。今日の午後には医者の予約を入れようと思ってます。

M: 明日も休みにしなければならないときは、電話をくれればいいからね。

## ＋α・シャドーイング

音声変化していて発音に特徴があるところを太字にしています。太字の部分の発音に注意して、**関連表現をナチュラル・スピード**でシャドーイングしよう！

DL 016

1 I have a sore throat **and** my nose is stuffed up.
喉が痛くて、鼻が詰まっているんです。
＊ be stuffed up「詰まっている」

2 I'm feeling nauseous. I think I ate **something that didn't** agree with me.
吐き気がするんです。体に合わないなにかを食べたんだと思います。
＊ nauseous「吐き気がする」

3 My allergies are **acting up** because of all the pollen.
花粉のせいでアレルギー症状が出ているんです。
＊ act up「暴れる；（症状が）悪化する」

4 The doctor prescribed some **antibiotics** for me. I hope they help.
医者が抗生物質を処方してくれました。効果があるといいんですが。

5 My son has broken **out in** some **kind of** rash.
息子の体中になにかの発疹が出ているんです。
＊ break out「吹き出物や汗などでいっぱいになる」rash「発疹」

6 My **daughter** has a low-grade fever. I **need to** take her to the doctor.
娘が微熱を出しているんです。医者に連れていかなきゃならなくて。
＊ low-grade fever「微熱」

7 You **don't** sound so good. Maybe you should stay home today.
具合がよくなさそうだね。今日は家にいたほうがいいだろうね。

8 I have **an upset** stomach and really bad gas pains.
胃がもたれていて、ガスが溜まって痛みがひどいんです。
＊ upset stomach「胃もたれ」

Unit

# 05 帰宅したときの会話

Step 1～4に沿って学習し、「英語の口」を鍛えよう！

## Step 1-3 センテンス・シャドーイング

Step 1 下のスクリプトを見て、音声を聞きながら、各センテンスを理解してみよう！ そのときに、**文法や語いの解説**を読んで理解を深めよう！ DL 017

Step 2 **スロー・スピード**で各センテンスをシャドーイングしよう！ DL 017

Step 3 **ナチュラル・スピード**で各センテンスをシャドーイングしよう！ DL 018

（M=Male, F=Female）

M: Mom! I'm home.
母さん、ただいま。

語い mom「母さん；母ちゃん」momma, mommy の短縮。

F: Welcome home dear. How **was your** day at school?
お帰り。学校はどうだったの？

語い welcome home「お帰り」dear「かわいい人；いい人（恋人や家族への呼びかけ）」

発音 was your は［ワジュア］と音が変化することがある。

M: It was good. We went on a **field trip** to the **history** museum.
よかったよ。歴史博物館に社会科見学に行ったんだよ。

語い field trip「校外の見学旅行；社会科見学」museum「博物館；美術館」

発音 field trip から［ｄ］の音がなくなることがある。history は［ヒスチュリー］と音が変化する場合がある。

F: **Did you** have a **good time**? **What was your** favorite exhibit?
楽しかった？ どの展示が気に入ったの？

語い have a good time「楽しく過ごす」exhibit「展示」

発音 Did you は［ディッジュー］と音が変化する。good time の［ｄ］音が、What から［ｔ］音がなくなることがある。was your は［ワジュア］のように発音。

## Arriving Home



M: **It** was really cool. I **liked** learning **about native** American Indians the best.

すごかったよ。ネイティヴ・アメリカンについて学べたのがいちばんよかった。

文法 like -ing「…することが好きだ」-ing は動名詞。

語い the best「いちばん；もっとも」

発音 It や liked, about から［ t ］の音がなくなる場合がある。native は音が跳ねて［ネイディ[リ] ヴ］と発音する場合がある。

F: **Do you** have any homework?

宿題はないの？

語い homework「宿題」

発音 Do you は［ドゥユ］と短く発音されることがある。

M: Nope. **Can I** go over to Danny's house and play?

いや。ダニーの家に遊びにいってもいいかな？

語い Nope.「いや」No. のややくだけた言い方。

発音 Can I は音がつながって［キャナイ］のように発音。

F: Sure. **Just be** home before dark.

もちろん。暗くなる前には戻ってきてね。

文法 Just ...「ただ…はしてね」命令文に Just がついたもの。

語い be home「帰宅する」before dark「暗くなる前に」

発音 Just be から［ t ］の音がなくなる場合がある。

## Step 4 | ダイアローグ・シャドーイング

**ナチュラル・スピードの音声**でダイアローグをシャドーイングしよう！

女性パートのみのシャドーイング ▶ 男性パートのみのシャドーイング ▶ ダイアローグすべてのシャドーイングの順に練習しよう。 DL 019

M: Mom! I'm home.

F: Welcome home dear. How **was your** day at school?

M: It was good. We went on a **field trip** to the **history** museum.

F: **Did you** have a **good time**? **What was your** favorite exhibit?

M: **It** was really cool. I **liked** learning **about native** American Indians the best.

F: **Do you** have any homework?

M: Nope. **Can I** go over to Danny's house and play?

F: Sure. **Just be** home before dark.

M: 母さん、ただいま。

F: お帰り。学校はどうだったの？

M: よかったよ。歴史博物館に社会科見学に行ったんだよ。

F: 楽しかった？ どの展示が気に入ったの？

M: すごかったよ。ネイティヴ・アメリカンについて学べたのがいちばんよかった。

F: 宿題はないの？

M: いや。ダニーの家に遊びにいってもいいかな？

F: もちろん。暗くなる前には戻ってきてね。

## ＋α・シャドーイング

音声変化していて発音に特徴があるところを太字にしています。太字の部分の発音に注意して、**関連表現をナチュラル・スピード**でシャドーイングしよう！

DL 020

1 You're late. **What** kept you?
遅いじゃない。なんで遅くなったのよ？
＊ keep「引き留める」

2 How **did your** soccer practice go?
サッカーの練習はどうだったの？
＊ practice「練習」

3 We had a big **meeting** today. **It was** really boring.
今日、重要なミーティングがあったんだけど、それがすごく退屈だったんだよ。
＊ boring「退屈な」

4 Are you hungry? Do you **want a** snack?
おなか空いてる？ なにかちょっと食べたい？

5 **Is it okay** if I spend the night **at** Joe's house?
ジョーの家に今晩泊まってもいい？

6 Make sure you are back home by six o'clock.
6時までには必ず帰宅するのよ。

7 Your friend Jimmy called. He wants you to **call him** back.
友達のジミーから電話があったわよ。かけ直してほしいって。
＊ call ... back「…に電話をかけ直す」

8 You're home early! How come?
早く帰ってきたわね！ どうしたの？
＊ How come? ＝ Why?

Unit
# 06 掃除についての会話

Step 1～4に沿って学習し、「英語の口」を鍛えよう！

## Step 1-3 センテンス・シャドーイング

Step 1 下のスクリプトを見て、音声を聞きながら、各センテンスを理解してみよう！ そのときに、**文法や語いの解説**を読んで理解を深めよう！ DL 021

Step 2 **スロー・スピード**で各センテンスをシャドーイングしよう！ DL 021

Step 3 **ナチュラル・スピード**で各センテンスをシャドーイングしよう！ DL 022

（M=Male, F=Female）

F: **Did you** clean your room like I asked? **It** was a mess!
頼んでたけど、自分の部屋は掃除したの？ ぐちゃぐちゃだったでしょ！

語い clean「掃除する」mess「滅茶苦茶な状態；散乱；乱雑」
発音 Did you はつながって音が変化し［ディッジュー］のように発音。It からは［t］音がなくなる場合がある。

M: Yes, Mom.
うん、やったよ。

語い 語い：mom「かあさん」mommy の省略。

F: Okay. Now I **need you to** vacuum the living room and dining room for me.
よかったわ。じゃあ、リビングとダイニングに掃除機をかけてね。

文法 need someone to ...「…に…してもらう必要がある」不定詞の名詞的用法。
語い vacuum「掃除機をかける」living room「居間」
発音 need you はつながって音が変化し［ニージュー］のように発音。to は音が跳ね［ドゥ[ル]ー］と発音することがある。

M: **But I** was **going to** go to Jimmy's house to play baseball!
でも、ジミーの家に野球をしにいこうと思ってたんだよ！

文法 be going to ...「…するつもりだ」未来を表すフレーズ。to play「するために」不定詞の副詞的用法。

発音 But I はつながって跳ね、［バッダ［ラ］イ］のように発音。But の［ t ］が脱落することもある。going to は［ゴウイン__トゥー］あるいは［ゴナ］と発音。

F: You can go play when you're finished **helping** me with the housework.
家事の手伝いが終わったら、遊びに出かけてもいいわ。

文法 A when B「BのときA」when は時間を表す従属節を作る。
finish -ing「…を終える」-ing は動名詞。
語い housework「家事」
発音 helping の末尾の［ g ］音は脱落することがある。

M: Oh alright. I'll go **get the** vacuum cleaner.
わかったよ。掃除機を取ってくる。

語い go get ...「…を取ってくる」vacuum cleaner「掃除機」
発音 get the からは［ t ］音がなくなり［ゲッ__ザ］のように発音されることがある。

F: I already **got it out** for you. It's in the living room. Just make sure you **put it away** when you're done.
もう取り出しておいたから。リビングにあるわよ。終わったら片付けを忘れないで。

文法 Just make sure ...「しっかり…をやって」相手に念を押す言い方。
語い get something out「…を出す」put away「片づける」be done「終わる」
発音 got it はつながって跳ね［ガッディ[リ]ッ(ト)］のように発音。out の［ t ］音もなくなることがある。put it away はつながって跳ね［プッディ[リ]ッダ［ラ］ウェイ］のように発音。

M: I'll be done before you know it!
すぐに終わるから！

文法 before ...「…の前に」before は時間を表す接続詞。
語い before you know it「あなたがそれに気づく前に；あっという間に」

## Step 4 | ダイアローグ・シャドーイング

**ナチュラル・スピードの音声**でダイアローグをシャドーイングしよう！
女性パートのみのシャドーイング ▶ 男性パートのみのシャドーイング ▶ ダイアローグすべてのシャドーイングの順に練習しよう。 DL 023

F: **Did you** clean your room like I asked? **It** was a mess!

M: Yes, Mom.

F: Okay. Now I **need you to** vacuum the living room and dining room for me.

M: **But I** was **going to** go to Jimmy's house to play baseball!

F: You can go play when you're finished **helping** me with the housework.

M: Oh alright. I'll go **get the** vacuum cleaner.

F: I already **got it out** for you. It's in the living room. Just make sure you **put it away** when you're done.

M: I'll be done before you know it!

F: 頼んでたけど、自分の部屋は掃除したの？ ぐちゃぐちゃだったでしょ！

M: うん、やったよ。

F: よかったわ。じゃあ、リビングとダイニングに掃除機をかけてね。

M: でも、ジミーの家に野球をしにいこうと思ってたんだよ！

F: 家事の手伝いが終わったら、遊びに出かけてもいいわ。

M: わかったよ。掃除機を取ってくる。

F: もう取り出しておいたから。リビングにあるわよ。終わったら片付けを忘れないで。

M: すぐに終わるから！

## ＋α・シャドーイング

音声変化していて発音に特徴があるところを太字にしています。太字の部分の発音に注意して、**関連表現をナチュラル・スピード**でシャドーイングしよう！

DL 024

1 I **need you to** help me fold these clean clothes.
洗濯が終わった洋服をたたむのを手伝って。

2 **Did you** cut the grass like you were **supposed to**?
あなたの分担の草刈りはやったの？
＊ like you were supposed to「あなたがそうするように考えられていたとおり」

3 I **need you to** run some errands for me.
ちょっとお遣いに行ってきてちょうだい。
＊ errand「お遣い」

4 If you **don't** keep your room clean, **you're going to be** grounded.
部屋をきれいにしないと、外出禁止にするわよ。
＊ grounded「外出を禁止された」

5 It's your turn to do the dishes tonight.
今夜はあなたがお皿を洗う番よ。

6 There's a **load of** clean clothes in the washer. **Put them** in the dryer for me please.
洗濯機に洗った服が入ってるからね。乾燥機に入れておいてね。
＊ a load of clothes/laundry/washing「（洗濯物の）1 回分の分量」

7 Why **do I have to** do all the chores!? Why **doesn't** sis **have to** do some!?
どうして私が家事を全部やらないといけないの？ なんで妹はやらなくていいの？
＊ do the chores「家事をする」

8 If you spent as much time working **as you** do complaining, **you'd be** finished already.
文句を言ってる間に仕事をしていれば、もう終わってるわよ。
＊ If ... complaining は「文句を言うのと同じ時間を仕事に使っていたら」が直訳。

Unit
# 07 スーパーでの買い物

Step 1～4に沿って学習し、「英語の口」を鍛えよう!

## Step 1-3 センテンス・シャドーイング

Step 1 下のスクリプトを見て、音声を聞きながら、各センテンスを理解してみよう! そのときに、**文法や語いの解説**を読んで理解を深めよう! DL 025

Step 2 **スロー・スピード**で各センテンスをシャドーイングしよう! DL 025

Step 3 **ナチュラル・スピード**で各センテンスをシャドーイングしよう! DL 026

(M=Male, F=Female)

M: Hey, we **haven't had** fresh fruit **in a** while. **How about** if we **get** some mangos?

ねえ、最近新鮮な果物を食べてないよね。マンゴーを買うのはどうかな?

文法 haven't had「ずっと食べていない」現在完了形の否定文。

語い How about if ...?「…するのはどうだろう?」

発音 haven't had からは［t］音が抜け［ハヴン＿ハッ(ド)］あるいは［ハヴナッ(ド)］となることがある。in a はつながって［イナ］と発音されることがある。How about や get からは末尾の［t］音が脱落しやすい。

F: That's a **good idea**. Look at this, they're on sale too!

いいわね。これ見て、安売りにもなってるわよ!

文法 Look at this.「これを見てよ」動詞の原形で始まる命令文。

語い on sale「安売り中で;セール中で」

発音 good idea はつながって跳ね［グッダ［ラ］イディァ］のように発音されることがある。

M: How do you know which ones to pick?

どれを買うべきかどうやって判断するの?

文法 which ones to pick「どのひとつを選ぶべきか」不定詞の形容詞的用法。

語い pick「選ぶ」

## At the Supermarket

F: **Don't pay** attention to the color. Squeeze them gently **and** ripe ones give slightly.

色は気にしないのよ。やさしく押すと、熟したやつはちょっとへこむのよ。

文法 Don't ...「…するな」一般動詞の否定の命令文。

語い pay attention to ...「…に注意を払う」squeeze「押す；絞る」gently「やさしく」give「へこむ；たわむ」slightly「わずかに」

発音 Don't pay からは［ t ］音が脱落しやすい。and からは［ d ］音が脱落。

M: **Sort of** like peaches, huh? I never knew that.

桃みたいだね？ 知らなかったよ。

語い sort of like ...「ある種…のようだ」

発音 Sort of はつながって跳ね［ソード［ロ］ヴ］のように発音されることがある。

F: That's right. Also, **perfect** ones will smell sweet around the stem.

そうなの。それと、完璧なやつは茎のあたりから甘いにおいがするの。

文法 Also ...「それに…；その上…」付加を表す。

語い stem「茎」

発音 perfect からは［ t ］音が脱落することがある。

M: **What else should** we get? Do you **want** some grapes?

ほかにはなにを買う？ ブドウはどう？

語い what else「ほかのなにを」

発音 What else は［ワッデ［レ］ゥス］または［ワッ__エゥス］のように発音。should の［ d ］音や want の［ t ］音は脱落しやすい。

F: That's **not a** bad idea ... just make sure they're seedless. I **don't** like grapes with seeds.

悪くないわね…種がないのをしっかり確認してね。種のあるやつは嫌いなのよ。

文法 just make sure (that) ...「…であることだけは確認して」命令文に just を付加した形。that 以下は名詞節。

語い seedless「種のない」

発音 not a はつながって跳ね［ナッダ［ラ］］のように発音。don't からは［ t ］音が脱落しやすい。

## Step 4 | ダイアローグ・シャドーイング

**ナチュラル・スピードの音声**でダイアローグをシャドーイングしよう！
女性パートのみのシャドーイング ▶ 男性パートのみのシャドーイング ▶ ダイアローグすべてのシャドーイングの順に練習しよう。DL 027

M: Hey, we **haven't had** fresh fruit **in a** while. **How about** if we **get** some mangos?

F: That's a **good idea**. Look at this, they're on sale too!

M: How do you know which ones to pick?

F: **Don't pay** attention to the color. Squeeze them gently **and** ripe ones give slightly.

M: **Sort of** like peaches, huh? I never knew that.

F: That's right. Also, **perfect** ones will smell sweet around the stem.

M: **What else should** we get? Do you **want** some grapes?

F: That's **not a** bad idea ... just make sure they're seedless. I **don't** like grapes with seeds.

M: ねえ、最近新鮮な果物を食べてないよね。マンゴーを買うのはどうかな？

F: いいわね。これ見て、安売りにもなってるわよ！

M: どれを買うべきかどうやって判断するの？

F: 色は気にしないのよ。やさしく押すと、熟したやつはちょっとへこむのよ。

M: 桃みたいだね？ 知らなかったよ。

F: そうなの。それと、完璧なやつは茎のあたりから甘いにおいがするの。

M: ほかにはなにを買う？ ブドウはどう？

F: 悪くないわね…種がないのをしっかり確認してね。種のあるやつは嫌いなのよ。

## ＋α・シャドーイング

音声変化していて発音に特徴があるところを太字にしています。太字の部分の発音に注意して、**関連表現をナチュラル・スピード**でシャドーイングしよう！

DL 028

1 What's **on your** shopping list?
買い物リストにはなにが載っているの？

2 We are **out of** both **toilet paper and** shampoo.
トイレット・ペーパーとシャンプーがどっちもなくなってるよ。

3 These steaks are on sale. **Should** we get some to grill tonight?
このステーキ、セールになってる。今夜焼くのにいくつか買う？

4 We've been **eating** too much red meat **lately**. Let's **get a** pork roast.
最近は赤肉を食べすぎてるね。ポークのローストを買おうよ。
＊ pork roast「ロースト・ポーク用の豚のかたまり肉」

5 The seafood here **doesn't look** very fresh. Let's go somewhere else.
ここのシーフードは新鮮そうじゃないね。ほかの店に行こうよ。

6 I like to shop here because they always **have a** good selection of produce.
いつも野菜と果物の品揃えがいいから、ここで買うのが好きなの。
＊ selection「品揃え」produce「農産物；野菜と果物」

7 I think we are about **out of** coffee. Let's get some while we're here.
そろそろコーヒーが切れると思うな。ここでちょっと買いましょう。

8 Wow. The price of corn has really gone up! It **must be** because of the drought.
へえ。トウモロコシの値段がすごく上がってる！ 干ばつのせいに違いないね。
＊ drought「干ばつ；日照り続き」

Unit
# 08 帰りの時間を知らせる電話

Step 1～4に沿って学習し、「英語の口」を鍛えよう！

## Step 1-3 センテンス・シャドーイング

Step 1 下のスクリプトを見て、音声を聞きながら、各センテンスを理解してみよう！ そのときに、**文法や語いの解説**を読んで理解を深めよう！ DL 029

Step 2 **スロー・スピード**で各センテンスをシャドーイングしよう！ DL 029

Step 3 **ナチュラル・スピード**で各センテンスをシャドーイングしよう！ DL 030

（M=Male, F=Female）

F: Hello?
もしもし。

語い Hello?「もしもし（電話に出るときのひとこと）」

M: Hey babe it's me. Listen, I'm **going to** be late coming home tonight.
やあ、僕だよ。あのね、今日は帰りが遅くなるんだ。

文法 Listen, ...「聞いて…」Listen は命令文。カンマのあとに聞いてほしい内容を続けて述べている。

語い babe「あなた；お前（妻や夫への呼びかけ）」be late coming home「帰宅が遅くなる」

発音 going to は［ゴウイン_トゥー］あるいは［ゴナ］のように発音。

F: Again!? How come?
またなの？ どうしてよ？

語い How come?「どうして；なんで（理由をたずねるフレーズ）」

M: We have clients in from **out of** town and the boss wants me to **take them** out for dinner and drinks tonight.
顧客が出張で来ていてね、今晩、彼らをディナーとお酒に連れていってくれって、上司が言うんだよ。

文法 want someone to ...「…に…してほしい」不定詞の名詞的用法。

語い have clients in「来客がある」from out of town「よそ（の街）から」

発音 out of はつながって跳ね［アウダ［ラ］(ヴ)］のように発音。take them は them が弱まってつながり［テイケム］のように発音されることがある。

F: **What time** do you think you'll be home?
何時に戻れると思う？

語い be home「帰宅する」
発音 What time からは［ t ］音が脱落し［ワッ__タイム］のように発音される。

M: I really **can't** say for sure, so **don't wait up** for me.
はっきりはわからないから、僕を待っていないで先に寝ててよ。

語い for sure「確実に」wait up for ...「…を起きて待つ」
発音 can't と don't は末尾の［ t ］音が脱落しやすい。wait up はつながって跳ね［ウェイダ［ラ］ップ］のように発音。

F: Alright. I'm making pasta for dinner, so **there'll be** leftovers in the fridge if you're hungry **later**.
わかった。夕食にパスタを作るの。あとでおなかが空いたら、冷蔵庫に残りがあるからね。

文法 ... so ...「…だから…」順接を表す接続詞。
... if ...「もし…なら…」場合を表す接続詞。
語い leftovers「残り物」fridge「冷蔵庫」hungry「空腹な」
発音 there'll be は［ゼァゥビ］のように短く発音される。later は音が跳ね［レイダ［ラ］ー］のように発音。

M: Thanks. I love you. Tell the kids I **love them** too.
ありがとう。愛してるよ。子供たちにも愛してるって伝えてよ。

文法 tell A B「AにBと伝える」VOOの形の命令文。Bの部分に (that) I love them too という名詞節が置かれている。
発音 love them は them が弱まって［ラヴェム］という発音になることがある。

## Step 4 ダイアローグ・シャドーイング

**ナチュラル・スピードの音声**でダイアローグをシャドーイングしよう！
女性パートのみのシャドーイング ▶ 男性パートのみのシャドーイング ▶ ダイアローグすべてのシャドーイングの順に練習しよう。 DL 031

F: Hello?

M: Hey babe it's me. Listen, I'm **going to** be late coming home tonight.

F: Again!? How come?

M: We have clients in from **out of** town and the boss wants me to **take them** out for dinner and drinks tonight.

F: **What time** do you think you'll be home?

M: I really **can't** say for sure, so **don't wait up** for me.

F: Alright. I'm making pasta for dinner, so **there'll be** leftovers in the fridge if you're hungry **later**.

M: Thanks. I love you. Tell the kids I **love them** too.

F: もしもし。

M: やあ、僕だよ。あのね、今日は帰りが遅くなるんだ。

F: またなの？ どうしてよ？

M: 顧客が出張で来ていてね、今晩、彼らをディナーとお酒に連れていってくれって、上司が言うんだよ。

F: 何時に戻れると思う？

M: はっきりはわからないから、僕を待っていないで先に寝ててよ。

F: わかった。夕食にパスタを作るの。あとでおなかが空いたら、冷蔵庫に残りがあるからね。

M: ありがとう。愛してるよ。子供たちにも愛してるって伝えてよ。

## ＋α・シャドーイング

音声変化していて発音に特徴があるところを太字にしています。太字の部分の発音に注意して、**関連表現をナチュラル・スピード**でシャドーイングしよう！

DL 032

1 I'm **not going to** be home in time for dinner tonight.
今夜は夕飯に間に合うように帰れないよ。

2 I'm **going to** be working **at the** office late today.
今日はオフィスで遅くまで仕事してるからね。

3 I have to wine **and** dine some customers this evening.
今晩は顧客の接待をしなきゃならないんだ。
＊ wine and dine「接待する」

4 **When are you going to** be home?
いつ家に帰る予定なの？

5 I'm not sure **what time** I'll **be** back. I'll just eat something **at the** office.
何時に帰れるかはわからないよ。オフィスでなにかを食べるよ。

6 I'm **running late**. There was a big accident **and** I am stuck in traffic.
（帰宅が）遅れてるんだよ。大きな事故があって、渋滞に巻き込まれてて。
＊ accident「事故」

7 I **should be** home **in about thirty** minutes. Do you need me to stop and **get** anything on the way?
30 分くらいで帰宅するはずだよ。途中でなにか買ってくる必要がある？

8 I'm glad you called. If not I **would have been** worried.
電話してくれてありがとう。電話がなかったら、心配してたわ。

Unit
# 09 夕食のメニューの相談

Step 1～4に沿って学習し、「英語の口」を鍛えよう！

## Step 1-3 センテンス・シャドーイング

Step 1 下のスクリプトを見て、音声を聞きながら、各センテンスを理解してみよう！ そのときに、**文法や語いの解説**を読んで理解を深めよう！ DL 033

Step 2 **スロー・スピード**で各センテンスをシャドーイングしよう！ DL 033

Step 3 **ナチュラル・スピード**で各センテンスをシャドーイングしよう！ DL 034

（M=Male, F=Female）

M: What do you **want to** do for dinner tonight?
今夜の夕食はどうしたい？

語い What do you want to do for dinner tonight? この文への返事には、「外食する」「家で作る」「公園でバーベキューする」などの答えが可能。

発音 want to は［ワン__トゥー］あるいは［ワナ］と発音。

F: I **don't** know. Do you **want to** go **out to** eat?
さあ。外食したいの？

文法 want to go out「外出したい」不定詞の名詞的用法。

発音 don't の［ t ］音がなくなることがある。want to や out to も［ワン__トゥー］［アウ__トゥー］と［ t ］音がなくなることがある。

M: I **wouldn't** mind trying that new Chinese restaurant **that opened**.
開店した新しい中華料理店を試してみたいな。

文法 that opened「開店した」that は主格の関係代名詞。

語い wouldn't mind -ing「…したい」try「試す；試しに行ってみる」

発音 wouldn't は末尾の［ t ］がなくなることがある。that opened は音がつながって跳ね［ザッド［ロ］ウプンド］と発音される場合がある。

F: Mary told me **it was pretty** expensive, **but the** food was good.
メアリーはすごく高かったって言ってたわ、でも食べ物はおいしかったって。

文法 ..., but ...「…だけど…」逆接を表す接続詞。

語い expensive「高価な」
発音 it was から［ t ］音がなくなることがある。pretty は音が跳ね［プリディ[リ]ー］のように発音。but the からは［ t ］がなくなり［バッ__ザ］と発音。

M: I wonder if we'll **need a** reservation **on a** weekday.
平日には予約は必要かなあ？

文法 I wonder if ...「…かなあ？」自問や疑問を表す構文。
語い reservation「予約」weekday「平日」
発音 need a は音がつながり、さらに跳ねることもあるため、［ニーダ[ラ]］のように発音される。on a は音がつながって［オナ］と発音。

F: I've seen people **waiting** in line outside. Maybe we should make one **just to** be safe.
外で並んでいる人を見たことあるわよ。念のため、予約したほうがいいかもね。

文法 see someone waiting「…が待っているのを見る」see は知覚動詞。
語い in line「列に」just to be safe「念のため」
発音 waiting は音が跳ね［ウェイディ[リ] ング］のように発音。just to は［ジャス__トゥー］と［ t ］の音がなくなることがある。

M: Yeah. **Better** safe than sorry. I'll call and **get us** a table for 6:30. How does that sound?
うん。後悔するよりはやったほうが安全だね。電話して6時半に席を予約するよ。どうかな？

語い safe「安全な」sorry「残念な」
発音 Better は音が跳ね［ベダ［ラ]ー］のように発音。get us はつながって跳ね［ゲッダ［ラ］ス］という発音になる。

F: **That** works for me.
それでいいわ。

語い work「うまくいく；効果がある」
発音 That の［ t ］音がなくなる場合がある。

## Step 4 ｜ ダイアローグ・シャドーイング

**ナチュラル・スピードの音声**でダイアローグをシャドーイングしよう！
女性パートのみのシャドーイング ▶ 男性パートのみのシャドーイング ▶ ダイアローグすべてのシャドーイングの順に練習しよう。 DL 035

M: What do you **want to** do for dinner tonight?

F: I **don't** know. Do you **want to** go **out to** eat?

M: I **wouldn't** mind trying that new Chinese restaurant **that opened**.

F: Mary told me **it was pretty** expensive, **but the** food was good.

M: I wonder if we'll **need a** reservation **on a** weekday.

F: I've seen people **waiting** in line outside. Maybe we should make one **just to** be safe.

M: Yeah. **Better** safe than sorry. I'll call and **get us** a table for 6:30. How does that sound?

F: **That** works for me.

M: 今夜の夕食はどうしたい？

F: さあ。外食したいの？

M: 開店した新しい中華料理店を試してみたいな。

F: メアリーはすごく高かったって言ってたわ、でも食べ物はおいしかったって。

M: 平日には予約は必要かなあ？

F: 外で並んでいる人を見たことあるわよ。念のため、予約したほうがいいかもね。

M: うん。後悔するよりはやったほうが安全だね。電話して6時半に席を予約するよ。どうかな？

F: それでいいわ。

## ＋α・シャドーイング

音声変化していて発音に特徴があるところを太字にしています。太字の部分の発音に注意して、**関連表現をナチュラル・スピード**でシャドーイングしよう！

DL 036

1 I **don't** feel like cooking. Let's **eat out** tonight.
料理したくないなあ。今夜は外に食べに行きましょう。
＊ feel like ...「…したい気分だ」

2 What kind of food **did you** have in mind?
どんなものが食べたいと思ってた？

3 I'm **not a fan of** Chinese, **but** I love Thai food.
中華は好きじゃないけど、タイ料理は大好き。

4 Does **that** restaurant have a dress-code?
あのレストランには服装規定（ドレスコード）はあるの？

5 I **heard** that new sushi restaurant is really good.
あの新しいお寿司屋さんはすごくおいしいんだって。

6 That restaurant **got** rave reviews in the newspaper.
あのレストラン、新聞で激賞されてたよ。
＊ rave review「激賞」

7 Have you ever been to a Mediterranean restaurant before?
これまでに地中海料理のレストランに行ったことある？

8 I **don't feel like** going **out** tonight, so let's **order** in.
今夜は外食したくないから、出前を取ろうよ。
＊ order in「出前を取る」

Unit

# 10 料理中の会話

Step 1～4に沿って学習し、「英語の口」を鍛えよう！

## Step 1-3 センテンス・シャドーイング

Step 1 下のスクリプトを見て、音声を聞きながら、各センテンスを理解してみよう！ そのときに、**文法や語いの解説**を読んで理解を深めよう！ DL 037

Step 2 **スロー・スピード**で各センテンスをシャドーイングしよう！ DL 037

Step 3 **ナチュラル・スピード**で各センテンスをシャドーイングしよう！ DL 038

（M=Male, F=Female）

M: Dinner **will be** ready in five minutes. Can you **set the** table for me?

5分で夕食ができるよ。テーブルを準備してもらえる？

語い ready「準備ができて」

発音 will be は弱く短くなり［ウィッビ］のように発音される。set the からは［ t ］音が脱落することがある。

F: Sure. Hey, that smells great. **What are** you cooking?

うん。ああ、いいにおいだね。なにを作ってるの？

語い smell great「いいにおいがする」cook「料理する」

発音 What are はつながって音が跳ね［ワッダ［ラ］ー］のように発音。

M: I **made your** favorite dinner tonight. Bacon-wrapped filet mignon and baked **potatoes**.

今夜の夕食は君の好物を作ったよ。ヒレ肉のベーコン巻とベークド・ポテトだよ。

文法 bacon-wrapped「ベーコンで巻かれた」過去分詞が次にくる単語を修飾している。baked も同じく過去分詞。

語い filet mignon「高級ヒレ肉」bake「オーブンで焼く」

発音 made your は、音が混じり合い［メイジュァ］のように変化する。potatoes は［ポテイド［ロ］ウズ］と発音される場合がある。

F: Is that asparagus you're grilling?! **I'm not** really a **fan of** asparagus.

焼いているのはアスパラガス？ アスパラはあまり好きじゃないんだよね。

語い grill「網焼きにする」

発音 I'm not は［ t ］音が抜け［アイムナッ__］のように発音されるこ

とがある。fan of は、つながって［ファナヴ］と発音する場合がある。

M: You're **going to** like this. Trust me. I **marinated it** in olive oil and garlic.
好きになるよ。信じて。オリーブ・オイルとニンニクでマリネにしたから。

文法 be going to like「好きになる」未来を表す構文。
語い trust「信じる」marinate「マリネにする」
発音 going to は［ゴウイン＿トゥー］あるいは［ゴナ］のように発音。marinated it はつながって音が跳ね［マリネイディ[リ]ッディ[リ]ッ(ト)］のような発音になりやすい。

F: Oh, that does sound **pretty** good. I've never **had it** like that before.
うひょ〜、それはすごくおいしそうね。そんなふうにして食べたことはないわ。

文法 does 強調を表す。
have never had「食べたことがない」現在完了形の経験用法。
語い like that「そんなふうに」
発音 pretty は音が跳ね［プリディ[リ]ー］のように発音。had it はつながって音が跳ね［ハディ[リ]ッ(ト)］のように発音されることがある。

M: You **want your** steak medium-rare like always, right?
いつものようにステーキはミディアム・レアでいいんだよね？

文法 want A B「AをBにしてほしい」SVOCの文型。
語い like always「いつものように」
発音 want your からは［t］音が脱落。つながって音が混じり合い［ワンチュァ］のように発音することもある。

F: Of course. That's the way steak should be **eaten**. I like them pink in the middle.
もちろん。それこそステーキが食べられるべき姿よ。真ん中がピンクなのが好きなのよね。

文法 the way (how) steak should be eaten「ステーキが食べられるべき方法」how 以降は関係副詞節。the way が先行詞。ただし、実際の会話では how は省略される。
発音 eaten は［イードゥ[ル]ン］あるいは［イーんン］のような発音に変化することがある。

## Step 4 ダイアローグ・シャドーイング

**ナチュラル・スピードの音声**でダイアローグをシャドーイングしよう！
女性パートのみのシャドーイング ▶ 男性パートのみのシャドーイング ▶ ダイアローグすべてのシャドーイングの順に練習しよう。 DL 039

M: Dinner **will be** ready in five minutes. Can you **set the** table for me?

F: Sure. Hey, that smells great. **What are** you cooking?

M: I **made your** favorite dinner tonight. Bacon-wrapped filet mignon and baked **potatoes**.

F: Is that asparagus you're grilling?! **I'm not** really a **fan of** asparagus.

M: You're **going to** like this. Trust me. I **marinated it** in olive oil and garlic.

F: Oh, that does sound **pretty** good. I've never **had it** like that before.

M: You **want your** steak medium-rare like always, right?

F: Of course. That's the way steak should be **eaten**. I like them pink in the middle.

M: 5分で夕食ができるよ。テーブルを準備してもらえる？

F: うん。ああ、いいにおいだね。なにを作ってるの？

M: 今夜の夕食は君の好物を作ったよ。ヒレ肉のベーコン巻とベークド・ポテトだよ。

F: 焼いているのはアスパラガス？ アスパラはあまり好きじゃないんだよね。

M: 好きになるよ。信じて。オリーブ・オイルとニンニクでマリネにしたから。

F: うひょ～、それはすごくおいしそうね。そんなふうにして食べたことはないわ。

M: いつものようにステーキはミディアム・レアでいいんだよね？

F: もちろん。それこそステーキが食べられるべき姿よ。真ん中がピンクなのが好きなのよね。

## ＋α・シャドーイング

音声変化していて発音に特徴があるところを太字にしています。太字の部分の発音に注意して、**関連表現をナチュラル・スピード**でシャドーイングしよう！

DL 040

1 While **I am** grilling the meat, can you make a salad?
私がお肉を焼いている間に、サラダを作ってもらえる？

2 What kind of seasoning **did you put on** the steaks?
ステーキにはどんな調味料をかけたの？
＊ seasoning「調味料」

3 That's a fancy meal. **What are** we **celebrating**?
高級な食事ね。なんのお祝いなの？
＊ fancy「高級な」

4 Would you mind **chopping up** an onion for me?
タマネギを刻んでもらえるかな？
＊ chop「刻む；みじん切りにする」

5 You stir this sauce **while I** start prepping the vegetables.
野菜の準備を始めてるから、このソースをかき混ぜてよ。
＊ stir「かき混ぜる」prep「準備する」

6 **What do you want to** make for a side dish?
副菜にはなにが欲しい？
＊ side dish「サイドディッシュ；副菜」

7 I think this needs a **little** more salt. Taste **it and** see.
もうちょっとお塩が必要だと思うな。味見してみて。

8 What **did you** season this meat with? It smells great!
このお肉はなんで調味したの？ すごくいいにおいだね！

Unit

# 11 観たい番組についての会話

Step 1～4 に沿って学習し、「英語の口」を鍛えよう！

## Step 1-3 センテンス・シャドーイング

Step 1 下のスクリプトを見て、音声を聞きながら、各センテンスを理解してみよう！ そのときに、**文法や語いの解説**を読んで理解を深めよう！ DL 041

Step 2 **スロー・スピード**で各センテンスをシャドーイングしよう！ DL 041

Step 3 **ナチュラル・スピード**で各センテンスをシャドーイングしよう！ DL 042

（M=Male, F=Female）

F: Can we watch **something** other than **football** tonight?
今夜はアメフトじゃないものを観てもいい？

語い other than ...「…以外に；…のほかに」football「アメフト」英国では「サッカー」の意で用いられる。

発音 something からは［ g ］が、football からは［ t ］音が脱落しやすい。

M: **But it's** the playoffs and the Patriots are playing! I've **got to** watch that!
でも、プレーオフでペイトリオッツがやってるんだよ！ 観なきゃダメなんだよ！

文法 have got to ...「絶対に…しなければならない」強い義務を表す。

発音 But it's はつながって跳ね［バディ[リ]ッツ］のように発音。got to は［ガッ__トゥー］あるいは［ガッダ［ラ]］と発音。

F: There's a really **good** movie on tonight. I've been **looking forward** to watching.
今夜は、すごくいい映画があるのよ。観るのを楽しみにしていたの。

語い look forward to -ing「…するのを楽しみにする」

発音 good, looking と forward から、それぞれ［ d ］［ g ］［ d ］音が脱落しやすい。

M: I'll tell you what ... we'll DVR the movie **and** let's **watch it** tomorrow night.
こうしようよ…映画は録画して、明日の夜に観よう。

文法 I'll tell you what.「こうしようよ」提案を表す慣用句。

語い DVR「デジタル・ビデオ録画（する）」

発音 and からは［ d ］音が脱落しやすい。watch it は音がつながり［ワッチッ(ト)］のような発音になることがある。

F: You always say that, **and I** end up **watching them** alone.
いつもそう言うわよね。で、結局、私ひとりで観ることになるのよね。

語い end up -ing「結局…することになる」alone「ひとりで」
発音 and I は［ d ］音が抜けてつながり［アナイ］のように発音。watching them からは［ g ］が脱落して［ワッチン__ゼム］あるいは［ワッチネム］のような発音になることがある。

M: How **about if** we put a TV in the bedroom? Then you can watch **whatever** you **want to**!
ベッドルームにテレビを１台置くのはどう？ そうすれば君の観たいものがなんでも観られるよ！

文法 whatever you want to「君が…したいものならなんでも」whatever は複合関係詞。
発音 about if はつながって跳ね［アバウディ[リ]フ］のように発音される場合がある。whatever は音が跳ね［ワッデ［レ］バー］という発音になることがある。want to の want からは［ t ］音が脱落。

F: But then we'll never be **spending** time together! I **want to** watch TV with you, **just not** sports!
でも、それじゃあ、全然いっしょに時間が過ごせないわ！ あなたといっしょにテレビを観たいのよ。スポーツだけじゃなくてね！

語い just not ...「…に限らず；…だけではなく」
発音 spending や want, just, not の末尾の［ g ］や［ t ］の音は脱落しやすい。want to は［ワナ］と発話されることもある。

M: Okay ... We'll record the **football** game. **But as** soon as the movie is over I'm **watching it**!
わかったよ…アメフトを録画しよう。でも、映画が終わったら、僕はすぐにアメフトを観るからね！

発音 football からは［ t ］が脱落。But as はつながって跳ね［バッダ［ラ］ズ］のように発音。watching it からは［ g ］が脱落してつながり［ウォッチニッ(ト)］のように発音されることがある。

## Step 4 | ダイアローグ・シャドーイング

**ナチュラル・スピードの音声**でダイアローグをシャドーイングしよう！
女性パートのみのシャドーイング ▶ 男性パートのみのシャドーイング ▶ ダイアローグすべてのシャドーイングの順に練習しよう。DL 043

F: Can we watch **something** other than **football** tonight?

M: **But it's** the playoffs and the Patriots are playing! I've **got to** watch that!

F: There's a really **good** movie on tonight. I've been **looking forward** to watching.

M: I'll tell you what ... we'll DVR the movie **and** let's **watch it** tomorrow night.

F: You always say that, **and I** end up **watching them** alone.

M: How **about if** we put a TV in the bedroom? Then you can watch **whatever** you **want to**!

F: But then we'll never be **spending** time together! I **want to** watch TV with you, **just not** sports!

M: Okay ... We'll record the **football** game. **But as** soon as the movie is over I'm **watching it**!

F: 今夜はアメフトじゃないものを観てもいい？

M: でも、プレーオフでペイトリオッツがやってるんだよ！ 観なきゃダメなんだよ！

F: 今夜は、すごくいい映画があるのよ。観るのを楽しみにしていたの。

M: こうしようよ…映画は録画して、明日の夜に観よう。

F: いつもそう言うわよね。で、結局、私ひとりで観ることになるのよね。

M: ベッドルームにテレビを１台置くのはどう？ そうすれば君の観たいものがなんでも観られるよ！

F: でも、それじゃあ、全然いっしょに時間が過ごせないわ！ あなたといっしょにテレビを観たいのよ。スポーツだけじゃなくてね！

M: わかったよ…アメフトを録画しよう。でも、映画が終わったら、僕はすぐにアメフトを観るからね！

## ＋α・シャドーイング

音声変化していて発音に特徴があるところを太字にしています。太字の部分の発音に注意して、**関連表現をナチュラル・スピード**でシャドーイングしよう！

DL 044

1 Let's do something other than **sit in** front of the TV tonight.
今夜はテレビの前に座っているんじゃなくて、ほかのことをしましょう。
＊ other than ...「…以外の」

2 Is there **anything good on** tonight?
今夜テレビでは、なにかいい番組をやってる？

3 I can't **stand** these reality TV shows. **What else** is on?
このリアリティー・テレビの番組には耐えられないわ。ほかになにをやってるの？
＊ reality TV show 素人の体験などをドキュメント風にテレビ番組にまとめたもの。

4 This is my favorite show. I **watch it** every week!
これは私のお気に入りの番組なの。毎週、観ているの！

5 I wish we **could get rid of** all the commercials.
コマーシャルを全部なくせたらいいのになあ。

6 I **don't** know why we even have a TV. We never watch it.
どうしてうちにテレビがあるのかも、わからないわ。全然観もしないのに。

7 **It's about time** we get a decent TV. I want **one of** those new HD flat screens.
そろそろちゃんとしたテレビを買いたいね。新しい高精細のフラット・スクリーンのが欲しいわ。
＊ decent「立派な；ちゃんとした」

8 I wish there were more nature documentaries on TV. Those are always **interesting**.
もっとテレビでネイチャー・ドキュメンタリーをやってくれるといいなあ。いつ観てもおもしろいものね。

Unit
# 12 就寝前のちょっとした会話

Step 1～4に沿って学習し、「英語の口」を鍛えよう！

## Step 1-3 センテンス・シャドーイング

Step 1 下のスクリプトを見て、音声を聞きながら、各センテンスを理解してみよう！ そのときに、**文法や語いの解説**を読んで理解を深めよう！ DL 045

Step 2 **スロー・スピード**で各センテンスをシャドーイングしよう！ DL 045

Step 3 **ナチュラル・スピード**で各センテンスをシャドーイングしよう！ DL 046

（M=Male, F=Female）

M: Well ... I can hardly keep my eyes open so I am **going to** hit the hay.
うーん、目を開けてられないから寝るよ。

文法 hardly「ほとんど…ない」程度を表す副詞。
語い keep one's eyes open「目を開けている」hit the hay「床に就く；寝る」
発音 going to は［ゴウイン_トゥー］あるいは［ゴナ］と発音。

F: I won't be too far **behind you**. I just **want to** finish reading this **article**.
私もそんなに遅くならないから。この記事だけ読み終わりたいの。

文法 finish reading「読み終える」reading は動名詞。
語い not be too far behind you「あなたにそれほど遅れない」
発音 behind you は音が混じり合ってつながり［ビハインジュー］のように発音することがある。want to は［ワン_トゥー］あるいは［ワナ］と発音。article は音が跳ね［アーディ[リ]クゥ］のように発音されることがある。

M: I **need to** go in to work a **little** early tomorrow, so I am **going to** set the alarm clock for 5:30.
明日はちょっと早く仕事に行くから、目覚まし時計を５時半にセットするよ。

文法 need to go「行く必要がある」to go は不定詞の名詞的用法。
語い alarm clock「目覚まし時計」
発音 need to からは［ d ］音が脱落。little は音が跳ね［リドゥ[ル]ゥ］のように発音。going to は［ゴウイン_トゥー］あるいは［ゴナ］と発音。

## Before Bedtime



F: That's fine. It's my turn to drive the kids' school carpool, so I **should get up** early too.

いいわよ。子供を学校まで相乗りで送るのが私の順番なの。だから私も早起きしなくちゃ。

文法 It's my turn to ...「…するのは私の順番だ」不定詞が形式主語 it の内容を表している。

語い carpool「相乗り」

発音 should get up は、脱落や音の跳ねが起こり、[シュッ__ゲダ[ラ]ップ] のように発音。

M: Why **don't you** finish reading that magazine in bed?

その雑誌ベッドで読み終えたらどうなの?

文法 finish reading「読み終える」reading は動名詞。

語い magazine「雑誌」in bed「ベッドで」

発音 don't you は音が混じり合ってつながり［ドンチュー］のように発音。

F: That's okay. I **don't want to** keep you up.

大丈夫。あなたを起こしておきたくないし。

文法 keep you up「あなたを起こしておく」VOCの形。

発音 don't want to の don't と want からは［ t ］音が脱落しやすい。want to は［ワナ］と発音される場合もある。

M: Okay. Good night my love.

わかった。じゃあ、おやすみ。

語い love「愛する君；あなた（親しみのこもった呼びかけ）」

F: Good night to you too, dear. See you **in the** morning.

おやすみ。また朝にね。

語い See you. は I'll see you. の省略。

発音 in the は音が混じってつながり［イナ］のように発音されることがある。

## Step 4 ダイアローグ・シャドーイング

**ナチュラル・スピードの音声**でダイアローグをシャドーイングしよう！
女性パートのみのシャドーイング ▶ 男性パートのみのシャドーイング ▶ ダイアローグすべてのシャドーイングの順に練習しよう。 DL 047

M: Well ... I can hardly keep my eyes open so I am **going to** hit the hay.

F: I won't be too far **behind you**. I just **want to** finish reading this **article**.

M: I **need to** go in to work a **little** early tomorrow, so I am **going to** set the alarm clock for 5:30.

F: That's fine. It's my turn to drive the kids' school carpool, so I **should get up** early too.

M: Why **don't you** finish reading that magazine in bed?

F: That's okay. I **don't want to** keep you up.

M: Okay. Good night my love.

F: Good night to you too, dear. See you **in the** morning.

M: うーん、目を開けてられないから寝るよ。

F: 私もそんなに遅くならないから。この記事だけ読み終わりたいの。

M: 明日はちょっと早く仕事に行くから、目覚まし時計を5時半にセットするよ。

F: いいわよ。子供を学校まで相乗りで送るのが私の順番なの。だから私も早起きしなくちゃ。

M: その雑誌ベッドで読み終えたらどうなの？

F: 大丈夫。あなたを起こしておきたくないし。

M: わかった。じゃあ、おやすみ。

F: おやすみ。また朝にね。

## ＋α・シャドーイング

音声変化していて発音に特徴があるところを太字にしています。太字の部分の発音に注意して、**関連表現をナチュラル・スピード**でシャドーイングしよう！

DL 048

1 I'm exhausted. I think I'm **going to** turn in early tonight.
ヘトヘトだわ。今夜は早めに寝ようかな。
＊ exhausted「ヘトヘトの；疲れ切った」turn in early「早めに床に就く」

2 I **noticed** you **haven't been** sleeping well lately.
あなた、最近よく眠れないみたいよね。
＊ notice「気づく；認識する」sleep well「よく眠る」

3 **What time** do you **need to** wake up in the morning?
朝は何時に起きる必要があるの？

4 I **didn't sleep** very well last night. I **couldn't get** comfortable.
昨夜はよく眠れなかったわ。くつろげなくってね。
＊ get comfortable「寝心地のいい態勢になる」

5 **Last night** you tossed **and** turned all night.
昨夜は一晩中寝返りを打ってたわね。
＊ toss and turn「(寝つけずに) 寝返りを打つ」

6 **I have been having** some bad dreams lately.
最近、よく悪い夢を見るのよ。

7 Are you still taking sleep-aid medication?
まだ睡眠薬を飲んでいるの？
＊ sleep-aid medication「睡眠補助薬」

8 I **plan on** sleeping in tomorrow since I have the day off.
明日は遅くまで寝る予定よ。お休みだからね。
＊ sleep in「遅くまでゆっくり寝る」⇔ oversleep「朝寝坊する」

Unit

# 13 旅行の計画に関する会話

Step 1～4に沿って学習し、「英語の口」を鍛えよう！

## Step 1-3 センテンス・シャドーイング

Step 1 下のスクリプトを見て、音声を聞きながら、各センテンスを理解してみよう！ そのときに、**文法や語いの解説**を読んで理解を深めよう！ DL 049

Step 2 **スロー・スピード**で各センテンスをシャドーイングしよう！ DL 049

Step 3 **ナチュラル・スピード**で各センテンスをシャドーイングしよう！ DL 050

（M=Male, F=Female）

M: You have this **coming** Friday off, right?
今度の金曜日は休暇を取るんだよね？

文法 ..., right?「…だよね？」確認のニュアンスを付加する。
語い coming「次の；来たるべき」
発音 coming から［ g ］音がなくなる場合がある。

F: Yes. I **haven't taken** any time off yet **this year**, so I **wanted to** have a three-day weekend.
うん。今年はまだ休んでないから、3連休にしたかったのよ。

文法 haven't taken「ずっと取っていない」現在完了形。
語い take time off「休暇を取る」three-day weekend「3連休の週末」
発音 haven't taken の haven't 末尾の［ t ］音がなくなることがある。this year は音が混じり合い［ズィシャー］ように発音されることがある。wanted to は［ t ］や［ d ］の音が消え［ワンティッ__トゥー］あるいは［ワニッ__トゥー］と発音。

M: I was **thinking about** taking the day off too. We **haven't had** much time together lately. What do you say we take a **little** trip?
僕も休もうかと思ってたんだ。最近はあまりいっしょに時間が過ごせてないよね。小旅行に行くのはどうかな？

文法 What do you say ...?「…はどう思う？」相手の意見をたずねる疑問文。
語い day off「休暇；仕事の休み」lately「最近」

## Planning a Trip



発音 thinking 末尾の［ g ］や about の［ t ］の音がなくなることがある。また about とつながり［スィンキナバウ (ト)］と発音することもある。haven't had は［ t ］が消えて音がつながり［ハヴナッド］と発音することがある。little は跳ねて［リドゥ[ル]ゥ］となる。

F: That sounds great! What do you have in mind?
それはいいわね！ なにか考えていることがあるの？

文法 That sounds great!「それはすばらしい！」SVC の文。
語い great「すばらしい」have ... in mind「…が頭の中にある」

M: I was thinking maybe the beach ... someplace warm. We **could** fly down to Florida Friday night **and** come back on Sunday.
たぶんビーチとか…暖かいところを考えてたんだ。金曜の夜にフロリダに飛んで日曜に戻ってくることだってできるよ。

文法 could ...「しようと思えば…できる」仮定法で提案を表現した文。
語い beach「ビーチ；浜辺」
発音 could や and の末尾から［ d ］の音がなくなることがある。

F: We **haven't been** there in ages!
フロリダは長いこと行ってないわね！

文法 haven't been there「ずっとそこへ行ってない」完了形の経験用法。
語い in ages「長い間」
発音 haven't の末尾の［ t ］がなくなる場合がある。［ハヴン__ビン］がさらに弱まり［アヴン__ビン］と変化することもある。

M: Not since we **got married**, in fact.
実際、結婚したとき以来、行ってないよ。

語い since ...「…以来」get married「結婚する」in fact「実際；事実」
発音 got の末尾の［ t ］音がなくなることがある。

F: This can be our second honeymoon!
2回目のハネムーンになるかもね！

語い honeymoon「ハネムーン」

## Step 4 ダイアローグ・シャドーイング

**ナチュラル・スピードの音声**でダイアローグをシャドーイングしよう！
女性パートのみのシャドーイング ▶ 男性パートのみのシャドーイング ▶ ダイアローグすべてのシャドーイングの順に練習しよう。DL 051

M: You have this **coming** Friday off, right?

F: Yes. I **haven't taken** any time off yet **this year**, so I **wanted to** have a three-day weekend.

M: I was **thinking about** taking the day off too. We **haven't had** much time together lately. What do you say we take a **little** trip?

F: That sounds great! What do you have in mind?

M: I was thinking maybe the beach ... someplace warm. We **could** fly down to Florida Friday night **and** come back on Sunday.

F: We **haven't been** there in ages!

M: Not since we **got married**, in fact.

F: This can be our second honeymoon!

M: 今度の金曜日は休暇を取るんだよね？

F: うん。今年はまだ休んでないから、3連休にしたかったのよ。

M: 僕も休もうかと思ってたんだ。最近はあまりいっしょに時間が過ごせてないよね。小旅行に行くのはどうかな？

F: それはいいわね！なにか考えていることがあるの？

M: たぶんビーチとか…暖かいところを考えてたんだ。金曜の夜にフロリダに飛んで日曜に戻ってくることだってできるよ。

F: フロリダは長いこと行ってないわね！

M: 実際、結婚したとき以来、行ってないよ。

F: 2回目のハネムーンになるかもね！

## ＋α・シャドーイング

音声変化していて発音に特徴があるところを太字にしています。太字の部分の発音に注意して、**関連表現をナチュラル・スピード**でシャドーイングしよう！

DL 052



1 I **get** three weeks paid vacation each year.
毎年3週間の有休がもらえるんだ。
＊ paid vacation「有給休暇」

2 We always stay home every weekend. How **about** we do something **different** this weekend?
私たち、いつも週末は家にいるでしょ。今週末はなにか違うことをしましょうよ。

3 I'm **looking forward** to our three-day **weekend** next week.
来週末の3連休を楽しみにしてるんだ。

4 I really need a vacation. **I've been** really **stressed** out at work lately.
ホントに休暇が欲しいの。最近は仕事でストレスだらけなのよ。
＊ be stressed out「ストレスで疲れ切る；イライラする」

5 There's a summer festival in Atlanta this weekend. How does that sound?
今週末はアトランタで夏祭りがあるよ。行ってみない？

6 We can go **to** the beach. It's only a four-hour drive.
ビーチに行ってもいいね。車でたった4時間だし。

7 Do you **want to make it a** day trip or spend the night?
日帰り旅行にしたい？ それとも1泊する？
＊ spend「（時間を）過ごす」

8 We **haven't been** on a vacation **in a** long time.
長い間、休暇旅行に行ってないよね。

Unit

# 14 休暇の不満を漏らす会話

Step 1～4に沿って学習し、「英語の口」を鍛えよう！

## Step 1-3 センテンス・シャドーイング

Step 1 下のスクリプトを見て、音声を聞きながら、各センテンスを理解してみよう！ そのときに、**文法や語いの解説**を読んで理解を深めよう！ DL 053

Step 2 **スロー・スピード**で各センテンスをシャドーイングしよう！ DL 053

Step 3 **ナチュラル・スピード**で各センテンスをシャドーイングしよう！ DL 054

（M=Male, F=Female）

M: I know I promised we'd go to the **mountains** this weekend, **but I** have to work Saturday.

今週末に山に行くって約束したのはわかってるんだけど、土曜は仕事になっちゃって。

文法 I know (that) ...「…はわかっている」that ... weekend は名詞節。

発音 mountains は［マウンんンズ］のように発音することがある。but I はつながって跳ね［バッダ［ラ］イ］と発音。

F: What!? **You've been** working overtime the last three weekends!

えっ！この３週間はずっと週末に残業してたじゃない！

文法 have been working overtime「ずっと残業をしている」現在完了進行形。

語い work overtime「残業する」

発音 You've been は［ v ］音が弱まるか脱落し［ユーッ_ビン］のように発音。

M: I know. We're just so short-handed **at work**, there's no way I can say no.

そうなんだ。職場がすごい人手不足で、断ることはできないんだよ。

文法 there's no way ...「…する方法がない」there's ... は存在を表す構文。ここでは手段がないことに言及している。

語い short-handed「人手不足で」

発音 at work から［ t ］音が脱落する場合がある。

F: Are they **at least** paying you overtime? You **should be getting** double for working weekends.

少なくとも残業手当は出るのよね？ 週末の仕事は２倍もらわなきゃね。

# Having to Work on One's Day Off



文法 should be getting「もらっていて当然」should は当然を表す。
語い pay someone overtime「…に残業手当を払う」double「2倍」
発音 at least から［ t ］音が脱落する場合がある。should be からは［ d ］音がなくなり［シュッ__ビー］と発音。getting は音が跳ね［ゲッディ[リ]ン（グ）］のように発音。

M: They're only giving me time **and a** half. My yearly review is next week, and **I am going to** demand a raise.
1.5倍しか払ってくれないんだよね。来週、僕の1年ごとの人事考課があるから、昇給を要求しようと思ってる。

語い time and a half「1.5倍」review「人事考課」demand a raise「昇給を要求する」
発音 and a は［ d ］音が脱落してつながり［アナ］と発音。I am は［アイム］という発音になることがある。going to は［ゴウイン__トゥー］あるいは［ゴナ］のように発音。

F: You definitely should. I think you **ought to tell them** they need to hire more people too.
絶対に、そうすべきよ。それにもっと人を雇うように話をするべきよ。

文法 ought to ...「…すべきだ」当然・適切を表す。
発音 ought to は［オーッ__トゥー］あるいは［オードゥ[ル]ー］のように発音。tell them は［テレム］という発音になる場合がある。

M: You're right. Listen, I know you're disappointed **about the** trip. I promise I'll **make it up** to you next weekend.
そのとおりだよ。あのね、旅行のこと、残念に思ってるよね。次の週末はなんとかするって約束するからさ。

文法 I promise (that) ...「…と約束する」that 以下は名詞節。
語い disappointed「がっかりした」make it up to ...「…に償いをする」
発音 about the からは［ t ］音が脱落。make it up はつながって跳ね［メイキッダ［ラ]ップ］のように発音。

F: You **better**.
それは当然よ。

語い You better. は You'd better do that/so. などの省略。
発音 better は音が跳ね［ベダ［ラ]ー］のように発音。

## Step 4 | ダイアローグ・シャドーイング

**ナチュラル・スピードの音声**でダイアローグをシャドーイングしよう！
女性パートのみのシャドーイング ▶ 男性パートのみのシャドーイング ▶ ダイアローグすべてのシャドーイングの順に練習しよう。 DL 055

M: I know I promised we'd go to the **mountains** this weekend, **but I** have to work Saturday.

F: What!? **You've been** working overtime the last three weekends!

M: I know. We're just so short-handed **at work**, there's no way I can say no.

F: Are they **at least** paying you overtime? You **should be getting** double for working weekends.

M: They're only giving me time **and a** half. My yearly review is next week, and **I am going to** demand a raise.

F: You definitely should. I think you **ought to tell them** they need to hire more people too.

M: You're right. Listen, I know you're disappointed **about the** trip. I promise I'll **make it up** to you next weekend.

F: You **better**.

M: 今週末に山に行くって約束したのはわかってるんだけど、土曜は仕事になっちゃって。

F: えっ！ この3週間はずっと週末に残業してたじゃない！

M: そうなんだ。職場がすごい人手不足で、断ることはできないんだよ。

F: 少なくとも残業手当は出るのよね？ 週末の仕事は2倍もらわなきゃね。

M: 1.5倍しか払ってくれないんだよね。来週、僕の1年ごとの人事考課があるから、昇給を要求しようと思ってる。

F: 絶対に、そうすべきよ。それにもっと人を雇うように話をするべきよ。

M: そのとおりだよ。あのね、旅行のこと、残念に思ってるよね。次の週末はなんとかするって約束するからさ。

F: それは当然よ。

## ＋α・シャドーイング

音声変化していて発音に特徴があるところを太字にしています。太字の部分の発音に注意して、**関連表現をナチュラル・スピード**でシャドーイングしよう！

DL 056

1 I **hate to** break my promise, **but I** have to work this weekend.
約束は破りたくないんだけど、今週末は仕事をしなくちゃならないの。

2 Your company makes you work way too much overtime.
あなたの会社は、あなたに残業をさせすぎてるわよ。
＊ way too much ...「あまりにも多くの…」

3 You should **get paid** more for all the hours you work.
こんなに長時間、働かされたら、もっと高い給料をもらうべきよ。

4 My boss wants me to go in to the office on **Saturday** for half a day.
上司が、土曜日に半日オフィスに出てほしいって言うんだよ。

5 I **don't get paid** for overtime because I'm on salary. It sucks!
固定給制だから残業代が支払われないんだよ。ムカつく！

6 You **shouldn't be** working sixty hours a week. That's ridiculous!
1 週間に60時間も働かなければならないのはおかしいわ。バカげてるわよ！

7 Tell management if they **don't** give you a raise you're **going to** quit.
経営陣に、昇給してくれないなら辞めるって言いなさいよ。
＊ management「経営（陣）」

8 Your pay **doesn't** come close to matching your **responsibilities**.
あなたの給料はあなたの負わされてる責任にまったく一致してないわよ。
＊ responsibility「責任」

Unit
# 15 家計についての議論

Step 1～4に沿って学習し、「英語の口」を鍛えよう！

## Step 1-3 センテンス・シャドーイング

Step 1 下のスクリプトを見て、音声を聞きながら、各センテンスを理解してみよう！ そのときに、**文法や語いの解説**を読んで理解を深めよう！ DL 057

Step 2 **スロー・スピード**で各センテンスをシャドーイングしよう！ DL 057

Step 3 **ナチュラル・スピード**で各センテンスをシャドーイングしよう！ DL 058

（M=Male, F=Female）

M: I was **thinking about looking** for a new car this weekend.

今週末、新しい車を探そうと思っていたんだ。

文法 about looking for ...「…を探すことについて」動名詞が about の目的語になっている。

発音 thinking about looking からは単語末の ［ g ］ や ［ t ］ 音が脱落しやすい。

F: Honey! We **can't** afford that! Plus, there's nothing wrong **with the** car we have!

あなた！ そんなお金はないわよ！ それに、いまの車もどこも悪くなってないし！

文法 Plus, ...「それに…」付加を表す接続詞。

語い honey「お前；あなた（夫婦間、恋人同士などでの呼びかけ）」afford ...「…を買う余裕がある」there's nothing wrong with ...「…に悪いところはない」

発音 can't の ［ t ］ が脱落することがある。また with the の with から ［ ð ］ 音が脱落。

M: **But it's** so old I'm **embarrassed to** drive it!

でも、すごく古くて運転するのが恥ずかしいんだよ！

文法 so old (that) ...「とても古いので…」so ... that ... の構文。

語い be embarrassed to ...「…するのが恥ずかしい」

発音 But it's はつながって跳ね ［バッディ[リ]ッツ］ のように発音。embarrassedからは ［ t ］ 音が脱落することがある。

## Family Finances

F: We are barely **making it** from paycheck to paycheck as **it is**.
いまうちはギリギリの生活をしているのよ。

文法 barely「かろうじて」副詞。
語い make it from paycheck to paycheck「給料日の間を食いつなぐ」
as it is「現状では」
発音 making it から［ g ］音が脱落して音がつながり［メイキニッ(ト)］のように発音されることがある。it isはつながって跳ね［イッディ[リ]ズ］のように発音される。

M: I guess you're right. Maybe we can save up for one though.
そうだと思うよ。でも、たぶん車１台分は貯金できると思うんだけど。

語い guess「推測する」save up「お金を貯める」

F: Remember we are **going to** have to start saving for the kids' college tuition too.
子供たちの大学の学費のためにも貯金を始めないといけないことを忘れないでよ。

文法 Remember (that) ...「…ということを覚えておいて」that 以下は名詞節。
start -ing「…し始める」-ing は動名詞。
語い tuition「学費」
発音 going to は［ゴウイン__トゥー］あるいは［ゴナ］と発音される。

M: They're only three years old! We have **plenty** of time for that.
子供たちはまだ３歳じゃないか！ まだ時間はたっぷりあるよ。

発音 plenty から［ t ］音が脱落して［プレニー］という発音になる場合がある。

F: Have you seen how much tuition is rising every year?! We **need to** start saving now.
毎年どれだけ学費が値上げされているかわかってるの？ いま貯金を始めないとダメなのよ。

文法 how much tuition is rising「どれほど学費が値上がりしているか」間接疑問文。
発音 need to からは［ d ］音が脱落する場合がある。

## Step 4 ダイアローグ・シャドーイング

**ナチュラル・スピードの音声**でダイアローグをシャドーイングしよう！

女性パートのみのシャドーイング ▶ 男性パートのみのシャドーイング ▶ ダイアローグすべてのシャドーイングの順に練習しよう。 DL 059

M: I was **thinking about looking** for a new car this weekend.

F: Honey! We **can't** afford that! Plus, there's nothing wrong **with the** car we have!

M: **But it's** so old I'm **embarrassed** to drive it!

F: We are barely **making it** from paycheck to paycheck as **it is**.

M: I guess you're right. Maybe we can save up for one though.

F: Remember we are **going to** have to start saving for the kids' college tuition too.

M: They're only three years old! We have **plenty** of time for that.

F: Have you seen how much tuition is rising every year?! We **need to** start saving now.

M: 今週末、新しい車を探そうと思っていたんだ。

F: あなた！ そんなお金はないわよ！ それに、いまの車もどこも悪くなってないし！

M: でも、すごく古くて運転するのが恥ずかしいんだよ！

F: いまうちはギリギリの生活をしているのよ。

M: そうだと思うよ。でも、たぶん車1台分は貯金できると思うんだけど。

F: 子供たちの大学の学費のためにも貯金を始めないといけないことを忘れないでよ。

M: 子供たちはまだ3歳じゃないか！ まだ時間はたっぷりあるよ。

F: 毎年どれだけ学費が値上げされているかわかってるの？ いま貯金を始めないとダメなのよ。

## ＋α・シャドーイング

音声変化していて発音に特徴があるところを太字にしています。太字の部分の発音に注意して、**関連表現をナチュラル・スピード**でシャドーイングしよう！

DL 060

1 We **need** to start planning for our retirement.
引退後の生活の計画を立て始めないとダメね。

2 I would love to have a new television, **but** we just **can't afford it!**
新しいテレビが買いたいけど、使えるお金がないのよね！
＊ afford ...「…する余裕がある」

3 If we save for two years, we **should** be able to **afford a** new car.
２年間貯金すれば、新しい車が買えるはずだよ。

4 If we buy a new car, **it will** deplete all of our savings!
新車を買うと、貯金がなくなっちゃうよ！
＊ deplete「使い果たす」

5 We **need** to **cut back on** our **credit** card use.
クレジット・カードの使用を減らす必要があるわ。
＊ cut back on ...「…を減らす」

6 We are spending way too much money on things we **don't** need.
私たち、必要のないものにお金を使いすぎているわ。

7 If we are **going to** save money, we are both **going to** have to make sacrifices.
お金を貯めるつもりなら、ふたりともなにかを犠牲にしないとダメだよね。
＊ make sacrifices「犠牲を払う」

8 I think we **should** start investing our money **instead of** spending it.
お金を使うんじゃなくて、投資し始めるべきだと思うわ。

Unit
# 16 ガーデニングに関する会話

Step 1～4に沿って学習し、「英語の口」を鍛えよう！

## Step 1-3 センテンス・シャドーイング

Step 1 下のスクリプトを見て、音声を聞きながら、各センテンスを理解してみよう！ そのときに、**文法や語いの解説**を読んで理解を深めよう！ DL 061

Step 2 **スロー・スピード**で各センテンスをシャドーイングしよう！ DL 061

Step 3 **ナチュラル・スピード**で各センテンスをシャドーイングしよう！ DL 062

(M=Male, F=Female)

M: I was **thinking about** hiring someone to landscape our yard.
庭の手入れのために人を雇おうと思ってたんだけど。

文法 think about hiring「雇うことを考える」hiring は動名詞。
語い landscape「(庭を美しく) 手入れする」
発音 thinking と about からは末尾の［g］［t］音が脱落しやすい。

F: I **don't** know **about** that. That can cost a **lot of** money.
それはどうかなあ。お金がかなりかかるかもね。

文法 can cost「かかるかもしれない」can は推量・可能性を表す。
発音 don't と about 末尾の［t］音は脱落しやすい。lot of はつながって跳ね［ラッダ［ラ］ヴ］のように発音。

M: That's true, **but it** looks good and adds to the value of the house.
そのとおりなんだけど、外観がよくなるし、家の価値も上がるよね。

文法 it looks good「それは見栄えがよい」SVCの文型。
語い add to ...「…(の価値など) が増える」value「価値」
発音 but it はつながって跳ね［バディ[リ]ッ(ト)］のように発音。

F: **What are you** thinking **about** planting?
なにを植えようと考えているの？

語い plant「植える」
発音 What are you はつながって一部が跳ね［ワッダ［ラ］ユ］のように発音。about は末尾の［t］音が脱落しやすい。

## Gardening



M: I **want to** put some flower beds in along the side **of the** house.
家の横に花壇をいくつか置きたいんだ。

語い flower bed「花壇」along ...「…に沿って」
発音 want to は［ワナ］と発音することがある。of the の［ v ］音は脱落する場合がある。

F: I **wouldn't** mind **putting** some hedges up too. They would provide shade **and** privacy.
生け垣を作るのもいいわよね。日陰もできるしプライバシーも保てるから。

語い wouldn't mind -ing「…したい」hedge「生け垣」shade「日陰」privacy「プライバシー」
発音 wouldn't や and からは末尾の［ t ］［ d ］音が脱落しやすい。putting は音が跳ね［プディ[リ]ング］のように発音。

M: Why **don't** we go to the nursery and see **what would** look good. Maybe we can do it ourselves.
園芸店に行って、なにがいいのか見てみようよ。自分たちでできるかも。

文法 what would look good「なにがいい感じに見えるか」間接疑問文。
語い Why don't we ...?「(いっしょに)…するのはどう？」nursery「園芸店」do it oneself「自分自身でそれをやる」
発音 don't や what, would からは末尾の［ t ］［ d ］音が脱落しやすい。

F: That's a **lot of** work. **But if** you really **want to** do it, I'll help.
大変な労力だよ。でも、あなたがホントにそうしたいのなら手伝うけど。

文法 if ...「…ならば」場合を表す。
語い a lot of work「ひと仕事；大変な仕事」
発音 lot of や But if はつながって跳ね［ラッダ［ラ］(ヴ)］［バッディ［リ］フ］のように発音される場合がある。want からは［ t ］音が脱落しやすい。want to で［ワナ］と発音することもある。

## Step 4 ダイアローグ・シャドーイング

**ナチュラル・スピードの音声**でダイアローグをシャドーイングしよう！
女性パートのみのシャドーイング ▶ 男性パートのみのシャドーイング ▶ ダイアローグすべてのシャドーイングの順に練習しよう。 DL 063

M: I was **thinking about** hiring someone to landscape our yard.
F: I **don't** know **about** that. That can cost a **lot of** money.
M: That's true, **but it** looks good and adds to the value of the house.
F: **What are you** thinking **about** planting?
M: I **want to** put some flower beds in along the side **of the** house.
F: I **wouldn't** mind **putting** some hedges up too. They would provide shade **and** privacy.
M: Why **don't** we go to the nursery and see **what would** look good. Maybe we can do it ourselves.
F: That's a **lot of** work. **But if** you really **want to** do it, I'll help.

M: 庭の手入れのために人を雇おうと思ってたんだけど。
F: それはどうかなあ。お金がかなりかかるかもね。
M: そのとおりなんだけど、外観がよくなるし、家の価値も上がるよね。
F: なにを植えようと考えているの？
M: 家の横に花壇をいくつか置きたいんだ。
F: 生け垣を作るのもいいわよね。日陰もできるしプライバシーも保てるから。
M: 園芸店に行って、なにがいいのか見てみようよ。自分たちでできるかも。
F: 大変な労力だよ。でも、あなたがホントにそうしたいのなら手伝うけど。

## ＋α・シャドーイング

音声変化していて発音に特徴があるところを太字にしています。太字の部分の発音に注意して、**関連表現をナチュラル・スピード**でシャドーイングしよう！

DL 064



1 Our lawn looks terrible! We should hire a lawn-care service.
芝がひどいことになってるわよ！ 芝の手入れのサービスを頼まないと。
＊ lawn「芝」

2 All of the flowers we planted **this spring** died. I think we over-**watered** them.
今年の春に植えた花が全部枯れちゃった。水をやりすぎたんだと思うわ。

3 I'm worried about **that** tree falling down. We should have it removed.
倒れかけているあの木が困りものだよね。持っていってもらわないとね。
＊ remove「取り除く」

4 The green peppers and cucumbers are **coming in** early this year.
今年はピーマンとキュウリが早く収穫できそうだよ。
＊ come in「収穫できるようになる；旬になる」

5 We **need** to bring those plants in tonight. It's **supposed to** get really cold.
今夜はあの植物を中に入れないとね。すごく寒くなるそうだよ。

6 The neighbor kid **offered** to cut our grass each week for $15.
隣の子供が毎週 15 ドルで草刈りをしたいって言ってきたの。

7 I **want** to start an herb garden. It's easy to do and fresh herbs taste so much **better**!
ハーブ・ガーデンを始めたいの。かんたんだし新鮮なハーブは最高においしいのよね！

8 I wish the neighbor **would** take **better** care of their yard.
お隣がもっと庭の手入れをしてくれればいいんだけどなあ。

Unit

# 17 食事に招待する会話

Step 1～4に沿って学習し、「英語の口」を鍛えよう！

## Step 1-3 センテンス・シャドーイング

Step 1 下のスクリプトを見て、音声を聞きながら、各センテンスを理解してみよう！ そのときに、**文法や語いの解説**を読んで理解を深めよう！ DL 065

Step 2 **スロー・スピード**で各センテンスをシャドーイングしよう！ DL 065

Step 3 **ナチュラル・スピード**で各センテンスをシャドーイングしよう！ DL 066

（M=Male, F=Female）

M: Hey Linda. Do you have plans for this **Saturday**?
やあ、リンダ。今度の土曜は計画とかあるの？

語い plan「予定；計画」

発音 Saturday は音が跳ね［サダ［ラ］デイ］のように発音。

F: I'm **not doing** anything in particular. **What's up**?
特になにもする予定はないわ。どうしたの？

語い in particular「特に」What's up?「どうしたの？」相手の状況をたずねる表現。

発音 not doing からは［ t ］音が脱落しやすい。What's up? は［ワッツァップ］あるいは［ワッサップ］と発音されることが多い。

M: My wife **and** I are planning on **having** some people over and **cooking** out. I was hoping you **and** John **could** come.
奥さんと僕で、何人か人を呼んで外で料理しようかと思っててね。君とジョンが来られればいいなと思って。

文法 I was hoping (that) ...「…ということを願っていた」過去進行形だが現在の気持ちを表現している。that 以下は名詞節。

語い have ... over「…を（自宅などに）呼ぶ」cook out「外で料理する」

発音 and や having, cooking, could などは末尾の［ d ］［ g ］音が脱落する場合がある。

F: That sounds like fun. I'll run **it** past him tonight. **What** time are you thinking?
楽しそうね。今夜、彼の意見を聞いてみる。何時を考えてるの？

語い run it past someone「…の意見を聞く」
発音 it や What からは［ t ］音が脱落しやすい。

M: **Most** people are probably **going to** show up **around** three o'clock. We'll probably eat **around** four-**thirty**.
おそらく、ほとんどの人は3時頃やってくると思うよ。たぶん4時半くらいに食べると思うな。

語い show up「現れる；やってくる」around ...「…頃」
発音 Most や around からは末尾の［ t ］［ d ］音が脱落しやすい。going to は［ゴウイン＿トゥー］あるいは［ゴナ］と発音。thirty は音が跳ね［サーディ[リ]ー］のように発音。

F: **Can I** bring something? A side dish maybe?
なにか持ってこようか？ サイド・ディッシュとか？

語い bring「持ってくる」side dish「副菜；サイド・ディッシュ」
発音 Can I は音がつながって［キャナイ］のように発音。

M: That **would** be great! In fact, I'd love **it** if you **could** bring **that** famous **potato** salad of yours.
それはいいね！ 実は、君のあの有名なポテト・サラダを持ってきてくれると、すごくうれしいよ。

文法 I'd love it if you could ...「あなたが…してくれるならありがたいです」希望・依頼を表す。
語い in fact「実際；実は」
発音 would や it, could, that からは末尾の［ d ］あるいは［ t ］音が脱落しやすい。potato は音が跳ね［ポテイド［ロ］ウ］のように発音されることがある。

F: You **got it**. I'm almost positive we'll be there, **but let** me check with John and I'll call you to confirm.
わかった。ほぼ行けると思うけど、ジョンに確認させてね。それから確認の電話をするわ。

文法 let me check「私に確認させて」let は使役動詞。
語い almost「ほとんど」positive「肯定的な」
発音 got it はつながって跳ね［ガッディ[リ]ッ(ト)］のように発音。but と let の末尾からは［ t ］音が脱落しやすい。

## Step 4 | ダイアローグ・シャドーイング

**ナチュラル・スピードの音声**でダイアローグをシャドーイングしよう！

女性パートのみのシャドーイング ▶ 男性パートのみのシャドーイング ▶ ダイアローグすべてのシャドーイングの順に練習しよう。 DL 067

M: Hey Linda. Do you have plans for this **Saturday**?

F: I'm **not doing** anything in particular. **What's up**?

M: My wife **and** I are planning on **having** some people over and **cooking** out. I was hoping you **and** John **could** come.

F: That sounds like fun. I'll run **it** past him tonight. **What** time are you thinking?

M: **Most** people are probably **going to** show up **around** three o'clock. We'll probably eat **around** four-**thirty**.

F: **Can I** bring something? A side dish maybe?

M: That **would** be great! In fact, I'd love **it** if you **could** bring **that** famous **potato** salad of yours.

F: You **got it**. I'm almost positive we'll be there, **but let** me check with John and I'll call you to confirm.

M: やあ、リンダ。今度の土曜は計画とかあるの？

F: 特になにもする予定はないわ。どうしたの？

M: 奥さんと僕で、何人か人を呼んで外で料理しようかと思っててね。君とジョンが来られればいいなと思って。

F: 楽しそうね。今夜、彼の意見を聞いてみる。何時を考えてるの？

M: おそらく、ほとんどの人は3時頃やってくると思うよ。たぶん4時半くらいに食べると思うな。

F: なにか持ってこようか？ サイド・ディッシュとか？

M: それはいいね！ 実は、君のあの有名なポテト・サラダを持ってきてくれると、すごくうれしいよ。

F: わかった。ほぼ行けると思うけど、ジョンに確認させてね。それから確認の電話をするわ。

## ＋α・シャドーイング

音声変化していて発音に特徴があるところを太字にしています。太字の部分の発音に注意して、**関連表現をナチュラル・スピード**でシャドーイングしよう！

DL 068

1 **Would you** like to come over to our house for dinner this Friday?
今度の金曜にうちに夕飯を食べにこない？

2 We are **going to** have a **party and** I was hoping you could join us.
パーティーをするつもりなんだけど、君も参加できればうれしいな。

3 If you're **not doing** anything, why **don't you** swing by my place?
なにもしてないのなら、うちに立ち寄ってよ。
＊ swing by ...「…に立ち寄る」

4 **Would you** be **interested** in **going** to dinner this weekend?
今週末ディナーに行くのはどうかな？

5 Just **let me** know by Thursday if you can **make it** or not.
来られるかどうか、木曜日までに教えてね。

6 That sounds **like a** plan. I'll be there for sure.
それはいいね。絶対に行くから。

7 I'd love to, **but I don't** think I can make it.
そうしたいんだけど、行けないと思う。

8 Unfortunately, I already have other plans for **that day**.
残念だけど、その日はすでに別の予定が入ってるの。
＊ unfortunately「残念ながら」

Unit
# 18 初対面の人との会話

Step 1～4に沿って学習し、「英語の口」を鍛えよう！

## Step 1-3 センテンス・シャドーイング

Step 1 下のスクリプトを見て、音声を聞きながら、各センテンスを理解してみよう！ そのときに、**文法や語いの解説**を読んで理解を深めよう！ DL 069

Step 2 **スロー・スピード**で各センテンスをシャドーイングしよう！ DL 069

Step 3 **ナチュラル・スピード**で各センテンスをシャドーイングしよう！ DL 070

（M=Male, F=Female）

M: Hi, I **don't** think we've met before. My name's William, **but you** can call me Bill.

こんにちは、前に会ってはいませんよね。ウィリアムといいますが、ビルって呼んでくださいね。

文法 have met before「以前会ったことがある」現在完了の経験用法。call A B「AをBと呼ぶ」SVOCの文。

発音 don't の最後の ［ t ］ の音はなくなることがある。but you の but の [ t ] と you の [ j ] が混じり合い ［バッチュー］ という発音になる。but の [ t ] 音が抜けることもある。

F: Nice to **meet you** Bill. My name is Sarah. I am Susan's sister.

はじめましてビル。私はサラといいます。スーザンの姉なんですよ。

語い (It's) Nice to ...「…してうれしい」

発音 meet の [ t ] と you の [ j ] が混じり合い ［ミーチュー］ と発音。

M: Oh yes. Susan talks **about you** all the time. I work **with her** husband Jim.

ああ、そうですか。スーザンはあなたのことをいつも話してますよ。僕は、彼女の夫のジムといっしょに働いているんです。

文法 her husband Jim「彼女の夫のジム」her husband と Jim は同格。

語い all the time「いつも；絶えず」husband「夫」

発音 about you の about の [ t ] と you の [ j ] が混じり合い ［アバウチュー］ という発音になる。また、with her は her が弱まり ［ウィザー］ のように発音されることがある。

## Meeting for the First Time



F: So **you're in** real estate too, huh?
ということは、あなたも不動産業界ですか？

文法 ..., huh?「…なの？」疑問文の代用として用いるくだけた表現。
語い real estate「不動産（業界）」
発音 you're in は音がつながり［ユァリン］と発音されることがある。

M: Well, sort of. I'm **actually** the company accountant. Here's my business card. **What** do you do for a living?
ええ、そんな感じです。実は会社の会計士なんですよ。これが僕の名刺です。あなたはどんなお仕事なんですか？

文法 Here's ...「ここに…があります」なにかを差し出すときの言い方。
語い sort of「ある意味；ある種」accountant「会計士」for a living「生活のために」
発音 actually は［アクシャリー］のように変化することがある。What からは末尾の［ t ］音がなくなることがある。

F: I am a freelance graphic designer. I work **out of** my home.
私はフリーのグラフィック・デザイナーです。家で仕事をしてるんです。

語い work out of one's home「自分の家で仕事をしている」
発音 out of はつながって音が跳ね［アウダ［ラ］ヴ］のように変化。［ヴ］の音がなくなることもある。

M: Well, **it has been a** pleasure **talking** with you. I'm sure I'll see you around.
お話できて楽しかったです。必ずまた会いましょう。

文法 talking with you「あなたと話すこと」センテンスの意味上の主語。
語い pleasure「よろこび」I'm sure (that) I'll ...「きっと…しましょう」
発音 it has はつながって跳ね［イッダ［ラ］ズ］のように発音することがある。been a は［ビナ］とつながる。talking の［ g ］音が脱落することもある。

F: The pleasure was all mine.
私のほうこそ。

語い The pleasure was all mine は「そのよろこび［光栄］はすべて私のものでした」が直訳。「私のほうこそ、あなたにお会いできて光栄です」という意味。

## Step 4 ダイアローグ・シャドーイング

**ナチュラル・スピードの音声**でダイアローグをシャドーイングしよう！
女性パートのみのシャドーイング ▶ 男性パートのみのシャドーイング ▶ ダイアローグすべてのシャドーイングの順に練習しよう。 DL 071

M: Hi, I **don't** think we've met before. My name's William, **but you** can call me Bill.

F: Nice to **meet you** Bill. My name is Sarah. I am Susan's sister.

M: Oh yes. Susan talks **about you** all the time. I work **with her** husband Jim.

F: So **you're in** real estate too, huh?

M: Well, sort of. I'm **actually** the company accountant. Here's my business card. **What** do you do for a living?

F: I am a freelance graphic designer. I work **out of** my home.

M: Well, **it has been a** pleasure **talking** with you. I'm sure I'll see you around.

F: The pleasure was all mine.

M: こんにちは、前に会ってはいませんよね。ウィリアムといいますが、ビルって呼んでくださいね。

F: はじめましてビル。私はサラといいます。スーザンの姉なんですよ。

M: ああ、そうですか。スーザンはあなたのことをいつも話してますよ。僕は、彼女の夫のジムといっしょに働いているんです。

F: ということは、あなたも不動産業界ですか？

M: ええ、そんな感じです。実は会社の会計士なんですよ。これが僕の名刺です。あなたはどんなお仕事なんですか？

F: 私はフリーのグラフィック・デザイナーです。家で仕事をしてるんです。

M: お話できて楽しかったです。必ずまた会いましょう。

F: 私のほうこそ。

## ＋α・シャドーイング

音声変化していて発音に特徴があるところを太字にしています。太字の部分の発音に注意して、**関連表現をナチュラル・スピード**でシャドーイングしよう！

DL 072



1 I **don't believe** we've been introduced.
まだお互いに紹介されていませんよね。

2 I don't think we've **met before**, have we?
私たち、前にお会いしたことはないですよね？

3 My name is Robert, **but** my friends all call me Robbie.
名前はロバートですが、友達はみんなロビーと呼びます。

4 It's a pleasure to **meet you**.
お会いできてうれしいです。

5 We have a mutual friend. You know Mike, **don't you**?
共通の友人がいますね。マイクを知っているでしょう？
＊ mutual「共通の」

6 I've heard a **lot about you**.
あなたのことはいろいろ聞いていますよ。

7 We've been friends since childhood.
僕たちは子供の頃からの友人なんです。

8 I'd **like to** introduce you to my friend Mary. Mary, this is Joe.
あなたを友人のメアリーに紹介させてください。メアリー、こちらジョーよ。

Chapter

# 02

# 外出先でのリアルな日常英会話

Unit

Unit

# 19 待ち合わせの約束

Step 1～4に沿って学習し、「英語の口」を鍛えよう！

## Step 1-3 センテンス・シャドーイング

Step 1 下のスクリプトを見て、音声を聞きながら、各センテンスを理解してみよう！ そのときに、**文法や語いの解説**を読んで理解を深めよう！ DL 073

Step 2 **スロー・スピード**で各センテンスをシャドーイングしよう！ DL 073

Step 3 **ナチュラル・スピード**で各センテンスをシャドーイングしよう！ DL 074

（M=Male, F=Female）

M: We're still on for dinner tonight, right? Where do you **want to** meet?
今夜の夕食の約束まだ生きているよね？ どこで会う？

語い be on「（約束などが）有効だ」
発音 want to は［ワン__トゥー］あるいは［ワナ］と発音。

F: How about Shibuya Station? I'll **meet you** at the South Entrance.
渋谷駅はどう？ 南口で会いましょう。

語い entrance「入り口」
発音 meet you はつながって変化し［ミーチュー］のように発音。

M: That's fine. **What time** works best for you?
いいよ。君は何時が都合がいいの？

文法 best「もっともよく」副詞の比較級。
語い work「機能する；都合がいい」
発音 What time は［ワッ__タイム］と発音。

F: I **might be** a **little** late leaving the office. How does seven o'clock sound?
オフィスを出るのがちょっと遅くなるかもしれないの。7時はどうかな？

文法 might「（ひょっとすると）かもしれない」可能性を表す。
語い sound「思える」
発音 might be は［ t ］が抜け［マイッ__ビー］と発音。little は音が跳ね［リドゥ[ル]ゥ］のように発音。

## Arranging to Meet

M: **Actually, if it's** okay, can we make it seven **thirty**? I **need to** stop by the bank.

うーん、もし大丈夫なら7時半でもいいかな？ 銀行に寄る用があるんだ。

語い actually「実は」make A B「AをBにする」stop by「立ち寄る」

発音 Actually からは［ t ］が脱落することがある。if it's は［(イ) フィッツ］と発音。thirty は音が跳ね［サーディ[リ]ー］。need to からは［ d ］が脱落し［ニーッ_トゥー］のように発音。

F: That's fine with me. **That way** I don't **have to** rush.

私はいいわよ。それなら急ぐ必要もないしね。

語い fine「問題ない；よい」that way「それなら」rush「急ぐ；慌てる」

発音 That way からは［ t ］音が脱落することがある。have to は［ハフトゥー］。

M: Great. I guess I'll see you there at seven **thirty** then.

OK。じゃあ、そこで7時半にね。

語い Great.「いいよ；よかった」

発音 thirty は音が跳ね［サーディ[リ]ー］と発音されることが多い。

F: Sounds **like a** plan. I'll see you then. If something comes up **just call** me.

OK。じゃあ、そのときに。なにかあったら電話してくれればいいからね。

文法 Sounds like a plan.「いいね」(That) Sounds like a plan. がもとの形。直訳は「それは計画のように思える」だが、実際は相手の提案に対して「いいね」と返事をする表現。

語い come up「起こる」call「電話する」

発音 like a はつながって［ライカ］となる。just call からは［ t ］の音が脱落する。

## Step 4 ダイアローグ・シャドーイング

**ナチュラル・スピードの音声**でダイアローグをシャドーイングしよう！

女性パートのみのシャドーイング ▶ 男性パートのみのシャドーイング ▶ ダイアローグすべてのシャドーイングの順に練習しよう。 DL 075

M: We're still on for dinner tonight, right? Where do you **want to** meet?

F: How about Shibuya Station? I'll **meet you** at the South Entrance.

M: That's fine. **What time** works best for you?

F: I **might be** a **little** late leaving the office. How does seven o'clock sound?

M: **Actually, if it's** okay, can we make it seven **thirty**? I **need to** stop by the bank.

F: That's fine with me. **That way** I don't **have to** rush.

M: Great. I guess I'll see you there at seven **thirty** then.

F: Sounds **like a** plan. I'll see you then. If something comes up **just call** me.

M: 今夜の夕食の約束まだ生きているよね？ どこで会う？

F: 渋谷駅はどう？ 南口で会いましょう。

M: いいよ。君は何時が都合がいいの？

F: オフィスを出るのがちょっと遅くなるかもしれないの。7時はどうかな？

M: うーん、もし大丈夫なら7時半でもいいかな？ 銀行に寄る用があるんだ。

F: 私はいいわよ。それなら急ぐ必要もないしね。

M: OK。じゃあ、そこで7時半にね。

F: OK。じゃあ、そのときに。なにかあったら電話してくれればいいからね。

## ＋α・シャドーイング

音声変化していて発音に特徴があるところを太字にしています。太字の部分の発音に注意して、**関連表現をナチュラル・スピード**でシャドーイングしよう！

DL 076

1 I'll meet you at the coffee shop where we met last time.
この前会ったカフェで会いましょう。

2 I'm not exactly sure when I can get off work. Let me call you later.
いつ仕事が終わるか、はっきりしないんだよ。あとで電話させてよ。
＊ not exactly ...「必ずしも…ない」

3 I'll meet you on the corner of Fifth Avenue and Third Street.
5番街と3番通りの交差点で会いましょう。
＊ avenue「大通り」

4 Let's meet at the restaurant. Say six o'clock?
レストランで会おうよ。例えば、6時はどうかな？
＊ Say ...?「例えば…はどう？」

5 I'll pick you up at your house. Just tell me when to be there.
あなたの家まで迎えにいくわ。いつ行けばいいかだけ教えてよ。

6 I may get there before you. If so I'll just do some shopping.
あなたより先に着くかもしれないわ。そうなったら、ちょっと買い物をしてるから。

7 Do you mind if we meet at eight instead of seven?
7時じゃなくて8時に会うことにしてもいいかな？
＊ instead of ...「…の代わりに」

8 I'm sorry. I'm running a little late. I'll be there in fifteen minutes.
ごめんなさい。ちょっと遅れてるの。15分でそこに着くから。

Unit

# 20 外出準備の会話

Step 1～4に沿って学習し、「英語の口」を鍛えよう！

## Step 1-3 センテンス・シャドーイング

Step 1 下のスクリプトを見て、音声を聞きながら、各センテンスを理解してみよう！ そのときに、**文法や語いの解説**を読んで理解を深めよう！ DL 077

Step 2 **スロー・スピード**で各センテンスをシャドーイングしよう！ DL 077

Step 3 **ナチュラル・スピード**で各センテンスをシャドーイングしよう！ DL 078

(M=Male, F=Female)

M: The play starts at **8 o'clock**. We **need to** leave in half **an hour**. Are you ready?

芝居は8時に始まるよ。30分で出かけないといけないけど、準備はできてる？

文法 need to ...「…することが必要だ」不定詞の名詞的用法。

語い half an hour「30分」

発音 8 o'clock はつながって跳ね［エイド［ロ］クロック］のように発音されることがある。need to からは［ d ］の音がなくなる。an hour は音がつながり［アナゥァ］のように発音。

F: Not quite. I **can't decide** on which dress to wear. Which of these do you like **better**?

まだなの。どっちのドレスを着ていくか決まらないのよ。あなたはどっちが好き？

文法 which dress to wear「どちらのドレスを着るべきか」不定詞の形容詞的用法。

語い not quite「完全に…ではない」

発音 can't から［ t ］音がなくなる場合がある。better は音が跳ねて［ベダ［ラ］ー］と発音。

M: They both **look great, but I** think the black dress is the one.

どっちもすごくいいけど、僕は黒がいいと思うな。

文法 one は代名詞で、前に登場した dress の代わりに使われている。

語い both「両方；どちらも」

発音 look great から［ k ］音がなくなる場合がある。but I はつながって跳ね［バッダ［ラ］イ］のように発音。

# Getting Ready to Leave

F: **Do you** have the tickets?

チケットは持ったの?

語い ticket「チケット;券」

発音 Do you は[ドゥユ]と短く発音される場合がある。

M: Yes. They're in my wallet.

うん、財布に入ってるよ。

語い wallet「札入れ;財布」

F: **Did you** call to confirm our dinner reservations?

ディナーの予約確認の電話をしてくれた?

文法 to confirm「確認するために」不定詞の副詞的用法。

語い confirm「確認する」reservation「予約」

発音 Did you は音が変化し[ディッジュー]のように発音。

M: That's **what I** forgot! I'll do that right now while you finish **getting** ready.

それ忘れてたね! いますぐにやるよ。君の準備が終わるまでにね。

文法 what I forgot「私が忘れていたこと」what は先行詞を含む関係代名詞。

while ...「…の間」時間を表す接続詞。

finish -ing「…を終える」-ing は動名詞で、動詞の目的語。

語い forget「忘れる」right now「すぐに」

発音 what I はつながって跳ね[ワッダ[ラ]イ]のように発音。getting も音が跳ね[ゲッディ[リ]ング]と発音。末尾の[g]の音がなくなる場合もある。

F: **I'll be just a** few more minutes.

もうちょっとでできるから。

語い I'll be の後ろに ready in を加えて考えると理解しやすい。a few more minutes「あと数分」

発音 I'll be は[l]が弱まり[アイゥビー]のように発音。just a はつながって[ジャスタ]と発音。

## Step 4 | ダイアローグ・シャドーイング

**ナチュラル・スピードの音声**でダイアローグをシャドーイングしよう！
女性パートのみのシャドーイング ▶ 男性パートのみのシャドーイング ▶ ダイアローグすべてのシャドーイングの順に練習しよう。 DL 079

M: The play starts at **8 o'clock**. We **need to** leave in half **an hour**. Are you ready?

F: Not quite. I **can't decide** on which dress to wear. Which of these do you like **better**?

M: They both **look great, but I** think the black dress is the one.

F: **Do you** have the tickets?

M: Yes. They're in my wallet.

F: **Did you** call to confirm our dinner reservations?

M: That's **what I** forgot! I'll do that right now while you finish **getting** ready.

F: **I'll be just a** few more minutes.

M: 芝居は8時に始まるよ。30分で出かけないといけないけど、準備はできてる？

F: まだなの。どっちのドレスを着ていくか決まらないのよ。あなたはどっちが好き？

M: どっちもすごくいいけど、僕は黒がいいと思うな。

F: チケットは持ったの？

M: うん、財布に入ってるよ。

F: ディナーの予約確認の電話をしてくれた？

M: それ忘れてたね！ いますぐにやるよ。君の準備が終わるまでにね。

F: もうちょっとでできるから。

## ＋α・シャドーイング

音声変化していて発音に特徴があるところを太字にしています。太字の部分の発音に注意して、**関連表現をナチュラル・スピード**でシャドーイングしよう！

DL 080



1 We **have to head out** in **thirty** minutes.
30 分で出かけないとダメだよ。
＊ head out「（向かって）出発する」

2 It's **about time** to leave. Are you all set?
そろそろ出かける時間だよ。準備は全部できた？
＊ all set「準備がすべて整って」

3 Are you ready to go? If we **don't** leave now we're **going to** be late!
出かけられる？ いま出ないと遅れちゃうよ！

4 I can't make up my mind **about which** shoes to wear.
どっちの靴を履くか決められないわ。
＊ which shoes to wear「どちらの靴を履くべきか」

5 We're running a **little** late, so let's drive separately and **meet at the** restaurant.
ちょっと遅れているから、別々の車で行ってレストランで会おうよ。
＊ be running late「遅れている」separately「別々に」

6 The taxi is **going to** be here any minute!
もうすぐタクシーがここに来るわよ！
＊ any minute「まもなく」

7 If we **don't** hurry up we'll miss the show.
急がないと、ショーを見逃しちゃうよ。

8 It's taking me longer to **get ready than I** thought.
思ったよりも準備に時間がかかってるの。
＊ than I thought「思ったよりも」

Unit

# 21 デパートでの会話

Step 1～4に沿って学習し、「英語の口」を鍛えよう！

## Step 1-3 センテンス・シャドーイング

Step 1 下のスクリプトを見て、音声を聞きながら、各センテンスを理解してみよう！ そのときに、**文法や語いの解説**を読んで理解を深めよう！ DL 081

Step 2 **スロー・スピード**で各センテンスをシャドーイングしよう！ DL 081

Step 3 **ナチュラル・スピード**で各センテンスをシャドーイングしよう！ DL 082

（M=Male, F=Female）

F: **Good afternoon**. Are you finding everything okay?
こんにちは。お探しものは全部見つかりましたか？

語い find「見つける」

発音 Good afternoon. はつながって跳ね［グッダ［ラ］フタヌーン］のように発音。

M: **Actually**, I am looking for a new wallet.
実は、財布を探しているんですよ。

語い actually「実は」wallet「財布；札入れ」

発音 Actually は［t］の音がなくなり［アクシュァリー］のように発音。

F: Those are located in the Menswear section, **next to** the belts and neckties.
お財布はメンズウェアのセクションにございます。ベルトとネクタイの隣です。

文法 be located in ...「…にある」be located は受動態。

語い next to ...「…の隣」

発音 next to の next 末尾の［t］音がなくなり［ネクスッ＿トゥー］と発音。

M: I looked there, **but I couldn't** seem to **find them**.
そこは見たんですけど、見つけられなかったようです。

文法 couldn't seem to ...「…できなかったようだ」不定詞の名詞的用法。

発音 but I はつながって跳ね［バッダ［ラ］イ］のように発音。couldn't は［クドゥン（ト）］あるいは［クんン（ト）］のように発音。find them からは［d］音が脱落することがある。

## At the Department Store



F: Here **let me** show you. They **should be** right over here.

ではご案内いたします。ちょうどこちらのほうにあるはずですが。

文法 let someone ...「…に…させる」let は使役動詞。

語い show「案内する」right over here「ちょうどこっちに」

発音 let me からは［ t ］音がなくなり［レッ__ミー］のように発音。should be からは［ d ］音が抜け［シュッ__ビー］と発音。

M: They sure are. I don't know how I missed them! Thank you.

ホントだ。どうして見逃したのかわからないなあ！ ありがとう。

文法 sure「確かに」強調を表す。
how I missed them「どうやって見逃したのか」how 以下は間接疑問文で <疑問詞＋S＋V> の語順。

語い miss「見逃す」

F: You're welcome. Also, I think there are some **up by** the checkout aisles **that are** on sale too.

どういたしまして。それから、レジの通路のそばにもセール品が少しあると思いますよ。

文法 that are on sale「売り出しになっている」関係代名詞節で some を修飾している。

語い welcome「歓迎されて」checkout「レジ；チェックアウト」aisle「通路」

発音 up by から［ p ］音が抜け［アッ__バイ］と発音。that are は［ザッ__アー］あるいは［ザッダ［ラ］ー］と発音。

M: I'll be sure to check those out. Thank you again.

そっちもチェックしてみますよ。ありがとう。

文法 be sure to ...「必ず…する」不定詞の副詞的用法。

語い check out「見てみる」

## Step 4 | ダイアローグ・シャドーイング

**ナチュラル・スピードの音声**でダイアローグをシャドーイングしよう！

女性パートのみのシャドーイング ▶ 男性パートのみのシャドーイング ▶ ダイアローグすべてのシャドーイングの順に練習しよう。 DL 083

F: **Good afternoon**. Are you finding everything okay?

M: **Actually**, I am looking for a new wallet.

F: Those are located in the Menswear section, **next to** the belts and neckties.

M: I looked there, **but I couldn't** seem to **find them**.

F: Here **let me** show you. They **should be** right over here.

M: They sure are. I don't know how I missed them! Thank you.

F: You're welcome. Also, I think there are some **up by** the checkout aisles **that are** on sale too.

M: I'll be sure to check those out. Thank you again.

F: こんにちは。お探しものは全部見つかりましたか？

M: 実は、財布を探しているんですよ。

F: お財布はメンズウェアのセクションにございます。ベルトとネクタイの隣です。

M: そこは見たんですけど、見つけられなかったようです。

F: ではご案内いたします。ちょうどこちらのほうにあるはずですが。

M: ホントだ。どうして見逃したのかわからないなあ！ ありがとう。

F: どういたしまして。それから、レジの通路のそばにもセール品が少しあると思いますよ。

M: そっちもチェックしてみますよ。ありがとう。

## ＋α・シャドーイング

音声変化していて発音に特徴があるところを太字にしています。太字の部分の発音に注意して、**関連表現をナチュラル・スピード**でシャドーイングしよう！

DL 084



1 Is there anything I can help you with, Sir?
お客さま、なにかお手伝いいたしましょうか？

2 I'm **looking for** a necktie as a gift for my boyfriend.
彼氏へのプレゼントにネクタイを探しているんです。

3 Do you sell women's business suits here?
こちらでは女性用のビジネス・スーツを売っていますか？

4 Do you carry this brand of tablet? I **have a** manufacturer's coupon.
このブランドのタブレットはありますか？　製造元のクーポン券を持っているんですが。
＊ manufacturer「製造元；メーカー」

5 I'm sorry. We **don't** carry those anymore.
申し訳ありません。それはもう在庫しておりません。

6 Those are **located** on the second floor in the Menswear section.
そちらは2階の紳士服売り場にございます。

7 I **don't** know how I **didn't** see them.
どうして見えなかったのかわからないです。

8 Thanks for all your help. I really **appreciate** it.
いろいろありがとうございます。感謝します。
＊ appreciate「感謝する」

Unit 22

# 試着室での会話

Step 1～4に沿って学習し、「英語の口」を鍛えよう！

## Step 1-3 センテンス・シャドーイング

Step 1 下のスクリプトを見て、音声を聞きながら、各センテンスを理解してみよう！ そのときに、**文法や語いの解説**を読んで理解を深めよう！ DL 085

Step 2 **スロー・スピード**で各センテンスをシャドーイングしよう！ DL 085

Step 3 **ナチュラル・スピード**で各センテンスをシャドーイングしよう！ DL 086

（M=Male, F=Female）

M: Excuse me. Where are your **fitting** rooms **located**?
すみません。試着室はどこにあるでしょうか？

文法 be located「位置している」受動態。ここでは疑問文の語順になっている。

語い fitting room「試着室」

発音 fitting は音が跳ねて［フィッディ[リ]ン（グ）］のように発音されることがある。located も同様に［ロウケイディ[リ]ッド］という発音になる。

F: They're **right through** this door. How many **items** do you have?
ちょうどこのドアを抜けたところです。いくつ商品をお持ちですか？

語い through ...「…を通り抜けて」item「品目；商品」

発音 right の［ t ］音が脱落することがある。items は音が跳ね［アイデ［レ］ムズ］のように発音されることがある。

M: I **want to** try on these three pairs of slacks.
この3本のスラックスを試着したいんです。

文法 want to ...「…したい」不定詞の名詞的用法。

語い three pairs of ...「3本の…；3組の…」

発音 want to は［ワン__トゥー］あるいは［ワナ］と発音。

F: **Let me take them** off the hangers for you.
ハンガーからお外ししましょう。

文法 Let someone ...「…に…させてください」let は使役動詞。

語い take off「取り外す」

発音 let me からは［ t ］音が脱落。take them は them が弱まってつながり［テイケム］という発音になる場合がある。

M: Also, I was **wondering** if you had this size **and** style in navy blue.
それと、このサイズとスタイルでネイビー・ブルーはないですかね？

文法 I was wondering if ...「…はどうでしょうか」wonder は「どうだろうと思う；知りたいと思う」という意味の動詞。

語い style「(服の）型」

発音 wondering の［ g ］音は脱落する場合がある。and の［ d ］音も同様。

F: **Let me** check the computer ... I'm sorry, we're **out of** stock **in that** color.
コンピューターでお調べしますね…すみません、その色は品切れになっております。

語い out of stock「在庫が切れて」

発音 Let me の［ t ］音は脱落する。out of はつながって跳ね［アウダ［ラ］(ヴ)］のように発音。in that は音が混じり合い［イナッ(ト)］と発音される場合がある。

M: I see. They're on sale now. **Can I** get the sale price when you **get them** in stock again?
そうですか。いまが安売りなんですよね。また入荷したときにセール価格で購入できますかね？

文法 when ...「…のとき」時間を表す接続詞。

語い on sale「売り出し中で」sale price「売り出し価格」in stock「在庫に」

発音 Can I はつながって［キャナイ］と発音。get them は［ゲッ＿ゼム］、あるいは them が弱まって、跳ねながらつながり［ゲッデ［レ］ム］という発音になる場合もある。

F: **Unfortunately** not. That sale is only for while products last.
残念ながらできません。セールは商品がある期間限定ですので。

文法 while products last「製品が残っている間」この節は for の目的語の働きをしている。

語い unfortunately「残念ながら」last「続く；持続する」

発音 Unfortunately からは［ t ］音が脱落することがある。

## Step 4 | ダイアローグ・シャドーイング

**ナチュラル・スピードの音声**でダイアローグをシャドーイングしよう！

女性パートのみのシャドーイング ▶ 男性パートのみのシャドーイング ▶ ダイアローグすべてのシャドーイングの順に練習しよう。 DL 087

M: Excuse me. Where are your **fitting** rooms **located**?

F: They're **right through** this door. How many **items** do you have?

M: I **want to** try on these three pairs of slacks.

F: **Let me take them** off the hangers for you.

M: Also, I was **wondering** if you had this size **and** style in navy blue.

F: **Let me** check the computer ... I'm sorry, we're **out of** stock **in that** color.

M: I see. They're on sale now. **Can I** get the sale price when you **get them** in stock again?

F: **Unfortunately** not. That sale is only for while products last.

M: すみません。試着室はどこにあるでしょうか？

F：ちょうどこのドアを抜けたところです。いくつ商品をお持ちですか？

M：この3本のスラックスを試着したいんです。

F：ハンガーからお外ししましょう。

M：それと、このサイズとスタイルでネイビー・ブルーはないですかね？

F：コンピューターでお調べしますね…すみません、その色は品切れになっております。

M：そうですか。いまが安売りなんですよね。また入荷したときにセール価格で購入できますかね？

F：残念ながらできません。セールは商品がある期間限定ですので。

## ＋α・シャドーイング

音声変化していて発音に特徴があるところを太字にしています。太字の部分の発音に注意して、**関連表現をナチュラル・スピード**でシャドーイングしよう！

DL 088

1 Do you have fitting rooms? I'd like to try this suit jacket on.
試着室はありますか？ このスーツの上着を試着したいんですが。

2 Is there somewhere I can try these shirts on?
このシャツを試着できる場所はありますか？

3 Do you have these pants in size 34-30?
このズボンの 34-30 のサイズはありますか？

4 If those slacks don't fit just right, we also offer free tailoring.
そちらのスラックスがぴったりでなければ、無料のお直しもしております。
＊ offer「提供する」tailor「合わせる；調整する」

5 I'm looking for this sweater in an extra-large.
XL サイズでこのセーターを探しているんですが。

6 Do you have any more of these belts in stock?
このベルトはまだ在庫がありますか？

7 Let me check and see if we have any in the back.
裏（の倉庫）にまだあるかどうか調べてきます。
＊ in the back「裏手に」

8 How do you think this outfit looks on me?
この洋服、私にはどうだと思います？
＊ on me「私が身につけると」

Unit

# 23 レジでの支払い時の会話

Step 1～4に沿って学習し、「英語の口」を鍛えよう!

## Step 1-3 センテンス・シャドーイング

Step 1 下のスクリプトを見て、音声を聞きながら、各センテンスを理解してみよう! そのときに、**文法や語いの解説**を読んで理解を深めよう! DL 089

Step 2 **スロー・スピード**で各センテンスをシャドーイングしよう! DL 089

Step 3 **ナチュラル・スピード**で各センテンスをシャドーイングしよう! DL 090

(M=Male, F=Female)

F: Were you able to find everything you **needed today**?
本日お探しのものはすべて見つかりましたでしょうか?

文法 be able to ...「…できる」可能を表す。
... (that) you needed「あなたが必要な…」関係代名詞の目的格 that が省略されている。

発音 needed today は [ d ] が脱落して [ニーディッ_トゥデイ] と発音。need の [ d ] 音は跳ねることもある (弾音化)。

M: Yes. Thank you. Actually, I don't **need it** today **but I** am curious, do you guys sell charcoal?
ええ、ありがとう。実は今日は必要ないんですが、興味があって。こちらでは木炭は売っていますか?

文法 you guys「あなたがたは」you と guys は同格で、どちらも店員のことを指している。

語い actually「実は」curious「興味のある」charcoal「木炭」

発音 need it はつながって跳ね [ニーディ[リ]ッ(ト)] のように発音。
but I もつながって跳ねて [バッダ [ラ] イ] と発音。

F: We sure do. It's in aisle 10. Do you have your MEGAMART member's card?
もちろんございます。10番通路にございますよ。メガマートのメンバーズ・カードはお持ちですか?

文法 sure「確かに」強調の副詞。

語い aisle「通路;廊下」

## At the Register

M: I know I **have it** here somewhere in my wallet. Ah, here you go.
この財布のどこかに入っていると思うんですけど。はい、ありました。

文法 I know (that) ...「…とわかっている」that 以下は名詞節。
語い somewhere「どこかに」here you go「はいどうぞ」
発音 have it はつながって［ハヴィッ(ト)］のように発音。

F: Your total with your savings from your MEGAMART card comes to $**44**.50. Do you have any coupons today?
貯まっているメガマート・ポイント［のお預かり額］を使ったお買い物の合計金額は、44ドル50セントになります。本日はなにかクーポンはお持ちですか？

文法 Your total ... MEGAMART card が長い主語になっている。
語い savings「貯まっていたもの（ここでは換金可能ポイントを指す）」come to ...「合計で…になる」coupon「クーポン」
発音 44は音が跳ね［フォーディ[リ]ーフォー］のように発音することがある。

M: Nope. I sure don't. **I'll** just pay cash.
いいえ。ありません。現金だけで支払います。

語い cash「現金」
発音 I'll は［l］音が弱まり［アイゥ］のように発音。

F: Okay. **Out of** sixty ... $15.50 is your change, and **here is** your receipt. Have a wonderful day.
わかりました。60ドルからですから…15ドル50セントのお釣りになります。それとこちらがレシートです。すばらしい一日をお過ごしください。

文法 here is ...「こちらが…です」存在を表す構文。相手になにかを手渡す場面で用いられる。
語い out of ...「…から」change「釣り銭」receipt「レシート」
発音 Out of はつながって跳ね［アウダ［ラ］（ヴ）］のように発音。here is は［ヒァズ］あるいは［ヒァリズ］と発音する場合がある。

M: Thank you. You do the same.
ありがとう。あなたのほうもね。

語い do the same「同じことをする（have a wonderful day を言い換えたもの）」

## Step 1 ダイアローグ・シャドーイング

**ナチュラル・スピードの音声**でダイアローグをシャドーイングしよう！
女性パートのみのシャドーイング ▶ 男性パートのみのシャドーイング ▶ ダイアローグすべてのシャドーイングの順に練習しよう。 DL 091

F: Were you able to find everything you **needed today**?

M: Yes. Thank you. Actually, I don't **need it** today **but I** am curious, do you guys sell charcoal?

F: We sure do. It's in aisle 10. Do you have your MEGAMART member's card?

M: I know I **have it** here somewhere in my wallet. Ah, here you go.

F: Your total with your savings from your MEGAMART card comes to $**44**.50. Do you have any coupons today?

M: Nope. I sure don't. **I'll** just pay cash.

F: Okay. **Out of** sixty ... $15.50 is your change, and **here is** your receipt. Have a wonderful day.

M: Thank you. You do the same.

F: 本日お探しのものはすべて見つかりましたでしょうか？

M: ええ、ありがとう。実は今日は必要ないんですが、興味があって。こちらでは木炭は売っていますか？

F: もちろんございます。10番通路にございますよ。メガマートのメンバーズ・カードはお持ちですか？

M: この財布のどこかに入っていると思うんですけど。はい、ありました。

F: 貯まっているメガマート・ポイント［のお預かり額］を使ったお買い物の合計金額は、44ドル50セントになります。本日はなにかクーポンはお持ちですか？

M: いいえ。ありません。現金だけで支払います。

F: わかりました。60ドルからですから…15ドル50セントのお釣りになります。それとこちらがレシートです。すばらしい一日をお過ごしください。

M: ありがとう。あなたのほうもね。

## ＋α・シャドーイング

音声変化していて発音に特徴があるところを太字にしています。太字の部分の発音に注意して、**関連表現をナチュラル・スピード**でシャドーイングしよう！

DL 092

1 I **couldn't** find any of the Coke products you advertised as being on sale.
売り出しになると広告されていたコーラが見つからないんですが。
＊ advertise「広告する」

2 I'm sorry, we're all **out of** those. They sold out the first day we **put them** on sale.
すみません。すべて売り切れになっております。売り出しにした初日に完売いたしまして。

3 **Would you like to** pay with cash or a **credit** card?
現金でお支払いですか？ カードでしょうか？

4 I have a coupon for those steaks, **but I** am **not** sure if it is still valid.
このステーキのクーポンがあるのですが、まだ有効期限内かどうかわからなくて。
＊ valid「有効で」

5 **Would you** mind wrapping those items separately, please?
それらは別々に包んでもらえますか？
＊ wrap「包む」separately「別々に」

6 If you apply for a membership card, you **automatically** save 5% off your **total** purchase.
メンバー・カードをお申し込みいただけば、自動的にお買い物総額から 5% 値引きになります。
＊ apply for ...「…に申し込む」

7 I **need to** see your ID in order to sell you the alcohol.
アルコールをお売りするには、身分証明書を拝見する必要があります。

8 I'm sorry sir; this register is for people with 10 **items** or less.
すみません、お客さま。こちらは10アイテム以下の方のためのレジになっております。

Unit
# 24 返品する場面での会話

Step 1～4に沿って学習し、「英語の口」を鍛えよう！

## Step 1-3 センテンス・シャドーイング

Step 1 下のスクリプトを見て、音声を聞きながら、各センテンスを理解してみよう！ そのときに、**文法や語いの解説**を読んで理解を深めよう！ DL 093

Step 2 **スロー・スピード**で各センテンスをシャドーイングしよう！ DL 093

Step 3 **ナチュラル・スピード**で各センテンスをシャドーイングしよう！ DL 094

（M=Male, F=Female）

F: I **need to** return this shirt. I **didn't notice it** when I **bought it, but it's** missing some **buttons**.

このシャツを返品したいんです。買ったとき気づかなかったのですが、ボタンがいくつか取れているんですよ。

文法 but ...「しかし…」逆接を表す接続詞。

語い return「返品する」notice「気づく」missing「あるべきところにない」

発音 need to は［ d ］が抜け［ニーッ_トゥー］と発音。didn't notice it は、脱落や音の跳ねが生じ［ディドゥン_ノウディ[リ]スィッ(ト)］と発音。bought it や but it's はつながって跳ね［ボーディ[リ]ッ(ト)］［バディ[リ]ッツ］のように発音。buttons は［バんンズ］のような発音に変化。

M: I can certainly help you **with that**. Do you have your receipt?

もちろん大丈夫です。レシートをお持ちですか？

語い certainly「確かに」receipt「領収書；レシート」

発音 with that は［ ð ］がひとつ抜け［ウィッ_ザット］という発音になる。

F: Yes. Here **it is**. I **bought it** last weekend.

はい、こちらです。先週末に購入しました。

語い Here it is.「こちらです」物を手渡す場面での決まり文句。

発音 it is と bought it はつながって跳ね［イッディ[リ]ズ］［ボーディ[リ]ッ(ト)］のように発音。

## Returning an Item

M: **Would you** like cash back, or **would you** like to exchange it?
キャッシュ・バックがよろしいですか？ 交換いたしますか？

文法 ... or ...「…それとも…」選択を表す等位接続詞。
語い cash back「返金」exchange「交換する」
発音 Would you はつながって変化し［ウッジュー］と発音。

F: I'd **like to** exchange it for this one. This one is a **little** cheaper. Can I get the difference back in cash?
こちらに交換したいんです。こっちのほうがちょっと安いですよね。差額分は現金で返金いただけますか？

語い difference「違い；差額」in cash「現金で」
発音 like to からは［k］音がなくなる場合がある。little は［t］音が跳ね［リドゥ[ル]ゥ］のように発音。

M: We can't give you cash for **an exchange, but we** can give you the difference in in-store credit. That's our store policy.
交換では現金は差し上げられないのですが、差額分は店内で使えるクレジットを差し上げることができます。それが当店の方針でして。

文法 give you ...「あなたに…を与える」SVOO の文。
語い in-store credit「店内で使えるクレジット」policy「方針」
発音 an exchange はつながって［アネクスチェインジ］のように発音。
but we からは［t］音が抜け［バッ__ウィ］と発音される。

F: I guess that **will be** okay.
まあ、それでいいですよ。

語い guess「(あいまいに)…だと思う」
発音 will be は［l］の音が弱まり［ウィゥビ］のような発音になる。

M: Okay. **Here is** your new receipt, and **here is** your credit voucher for $7.50. Have a wonderful day.
わかりました。こちらが新しいレシートで、こちらが7ドル50セントのクレジット・クーポンです。ありがとうございました。

文法 Here is ...「ここに…があります」存在を表す構文。
語い voucher「クーポン」
発音 Here is は［ヒァリズ］あるいは［ヒァ__ズ］のように発音されることがある。

## Step 4 ダイアローグ・シャドーイング

**ナチュラル・スピードの音声**でダイアローグをシャドーイングしよう！
女性パートのみのシャドーイング ▶ 男性パートのみのシャドーイング ▶ ダイアローグすべてのシャドーイングの順に練習しよう。 DL 095

F: I **need to** return this shirt. I **didn't notice it** when I **bought it, but it's** missing some **buttons**.

M: I can certainly help you **with that**. Do you have your receipt?

F: Yes. Here **it is**. I **bought it** last weekend.

M: **Would you** like cash back, or **would you** like to exchange it?

F: I'd **like to** exchange it for this one. This one is a **little** cheaper. Can I get the difference back in cash?

M: We can't give you cash for **an exchange, but we** can give you the difference in in-store credit. That's our store policy.

F: I guess that **will be** okay.

M: Okay. **Here is** your new receipt, and **here is** your credit voucher for $7.50. Have a wonderful day.

F: このシャツを返品したいんです。買ったとき気づかなかったのですが、ボタンがいくつか取れているんですよ。

M: もちろん大丈夫です。レシートをお持ちですか？

F: はい、こちらです。先週末に購入しました。

M: キャッシュ・バックがよろしいですか？ 交換いたしますか？

F: こちらに交換したいんです。こっちのほうがちょっと安いですよね。差額分は現金で返金いただけますか？

M: 交換では現金は差し上げられないのですが、差額分は店内で使えるクレジットを差し上げることができます。それが当店の方針でして。

F: まあ、それでいいですよ。

M: わかりました。こちらが新しいレシートで、こちらが7ドル50セントのクレジット・クーポンです。ありがとうございました。

## ＋α・シャドーイング

音声変化していて発音に特徴があるところを太字にしています。太字の部分の発音に注意して、**関連表現をナチュラル・スピード**でシャドーイングしよう！

DL 096

1 I'd **like to** return this TV. The screen is damaged.
このテレビを返品したいのですが。画面が壊れているんです。
＊ damaged「壊れた；破損した」

2 I accidentally bought the wrong size shoes. I'd **like to** exchange them please.
誤って間違ったサイズの靴を買ってしまったんです。交換をお願いします。

3 This shirt has a stain **on it. Can I** exchange it?
シャツに染みがついているんです。交換できますか？
＊ stain「染み」

4 The stitching on these pants is loose, so I'd **like a** refund please.
ズボンの縫い目が緩んでいるので、払い戻しをしてください。
＊ stitching「縫い目；縫製」loose「緩い」

5 I'm sorry **but we don't** offer refunds or exchanges.
恐縮ですが、払い戻しや交換はいたしておりません。

6 **Unfortunately**, we can't accept returns or exchanges **without a** receipt.
残念ながら、レシートがなければ返品や交換はお受けできません。

7 I'm sorry. These were purchased on sale so all sales are final.
すみません。こちらはバーゲンセールで購入されたものですので、返品も交換もできません。
＊ final「最終的な」

8 You can exchange **that** for anything of equal or lesser value. We will refund the difference.
同じ価格かより低価格の品物でしたら、なんとでも交換可能です。差額は払い戻しいたします。

Unit

# 25 駅への道を案内する会話

Step 1～4に沿って学習し、「英語の口」を鍛えよう!

## Step 1-3 センテンス・シャドーイング

Step 1 下のスクリプトを見て、音声を聞きながら、各センテンスを理解してみよう! そのときに、**文法や語いの解説**を読んで理解を深めよう! DL 097

Step 2 **スロー・スピード**で各センテンスをシャドーイングしよう! DL 097

Step 3 **ナチュラル・スピード**で各センテンスをシャドーイングしよう! DL 098

(M=Male, F=Female)

M: **Excuse me**. I'm looking for Grand Central Station. Can you tell me **how to get there**?

すみません。グランド・セントラル駅を探しているんですが。どう行けばいいか教えてもらえますか?

文法 how to get there「そこへ到着する方法」how to ... は名詞句。

語い look for ...「…を探す」

発音 Excuse me から最初の[ɪ]音がなくなる場合がある。how to の to は音が跳ね[ハウドゥ[ル]ー]のように発音することがある。get there からは[t]音が脱落。

F: **Absolutely**. It's not very far. You **need to** walk down this street until you **get to** the Hilton Hotel there.

もちろん。そう遠くはないですよ。あそこのヒルトン・ホテルに着くまで、この通りを進んでください。

文法 until ...「…まで」継続の終了を表す。

語い Absolutely.「もちろん(快く引き受けるひとこと)」

発音 Absolutely の[b]音は弱まったり[f]に近い音になったりすることがある。また[t]音も抜けることがある。need to や get to からは[d]や[t]音が脱落する。

M: Is **that the** tall building down there with the flags out front?

あそこにある正面に旗が立っている高いビルですか?

語い with the flags out front「外の正面に旗がある」

発音 that the からは[t]音がなくなり[ザッ_ザ]のように発音。

F: Yep. Take a **right** there and walk another four blocks. When you come to the **Central** Post Office, take a left.
そうです。そこで右に曲がって、あと4ブロック歩いてください。中央郵便局まで来たら左折です。

文法 When ...「…のとき」時間・タイミングを表す。
語い take a right/left「右／左折する」block「区画」come to ...「…に来る」
発音 right の［ t ］音が脱落。Central は［センチュラル］のような発音になる。

M: Left **at the** post office ... **got it**.
郵便局で左折ですね…わかりました。

語い Got it.「了解」I've got it. の省略。
発音 at the は［ t ］音が脱落する。got it はつながって跳ね［ガッディ[リ]ッ(ト)］のように発音。

F: From there you will see the signs for the station. It's between 34th and 35th **street**.
そこから、駅に向かう標識が見えますよ。34番街と35番街の間になります。

語い sign「標識；掲示」between A and B「AとBの間」
発音 street は音が変化し［スチュリート］と発音されることがある。

M: Thank you so much for your help!
とても助かりました！

語い Thank you for ...「…ありがとう」help「手助け」

F: My pleasure. If you **get turned** around, just ask someone and they **should be** able to help you.
お役に立ててうれしいです。迷ったら、だれかに聞けばわかるはずですから。

文法 should ...「…のはずだ」可能性・推量を表す。
語い My pleasure.「お役に立ててうれしいです」直訳は「私のよろこびです」となる、お礼への返事に用いられるひとこと。get turned around「迷う」
発音 get turned の get から［ t ］音がなくなることがある。should be からは［ d ］音が脱落する。

## Step 4 ダイアローグ・シャドーイング

**ナチュラル・スピードの音声**でダイアローグをシャドーイングしよう！
女性パートのみのシャドーイング ▶ 男性パートのみのシャドーイング ▶ ダイアローグすべてのシャドーイングの順に練習しよう。DL 099

M: **Excuse me**. I'm looking for Grand Central Station. Can you tell me **how to get there**?

F: **Absolutely**. It's not very far. You **need to** walk down this street until you **get to** the Hilton Hotel there.

M: Is **that the** tall building down there with the flags out front?

F: Yep. Take a **right** there and walk another four blocks. When you come to the **Central** Post Office, take a left.

M: Left **at the** post office ... **got it**.

F: From there you will see the signs for the station. It's between 34th and 35th **street**.

M: Thank you so much for your help!

F: My pleasure. If you **get turned** around, just ask someone and they **should be** able to help you.

M: すみません。グランド・セントラル駅を探しているんですが。どう行けばいいか教えてもらえますか？

F: もちろん。そう遠くはないですよ。あそこのヒルトン・ホテルに着くまで、この通りを進んでください。

M: あそこにある正面に旗が立っている高いビルですか？

F: そうです。そこで右に曲がって、あと4ブロック歩いてください。中央郵便局まで来たら左折です。

M: 郵便局で左折ですね…わかりました。

F: そこから、駅に向かう標識が見えますよ。34番街と35番街の間になります。

M: とても助かりました！

F: お役に立ててうれしいです。迷ったら、だれかに聞けばわかるはずですから。

## ＋α・シャドーイング

音声変化していて発音に特徴があるところを太字にしています。太字の部分の発音に注意して、**関連表現をナチュラル・スピード**でシャドーイングしよう！

DL 100

1 **Can you** tell me **how to get to** this address?
この住所への行き方を教えてもらえますか？
＊ address「住所」

2 **Can you** give me directions to **get to** the Hyatt Museum?
ハイアット博物館への道順を教えてくれますか？
＊ directions「道順；方向」

3 It's pretty difficult. Here, **let me write it** down for you.
けっこう難しいですよ。地図を描いて差し上げます。

4 Turn left **at the** second light and go **straight** for about half a mile.
２番目の信号で左に曲がって半マイルほどまっすぐ進んでください。

5 It's a **pretty** long walk from here. I would recommend you **take a** taxi.
ここから徒歩ですとかなり遠いですよ。タクシーに乗るのをおすすめしますね。
＊ recommend「推薦する；すすめる」

6 That's only **about a** five-minute walk from here.
ここから歩いてほんの５分ほどですよ。

7 Turn right **at that intersection and** keep going straight. **It will be** on your right.
あの交差点で右に曲がって、まっすぐ進んでください。右側にありますので。
＊ intersection「交差点」

8 I'm **going that** direction myself. I'll take you there.
私もそっちに行きますから、そこまでお連れしますよ。

Unit
# 26 駅の構内を案内する会話

Step 1～4に沿って学習し、「英語の口」を鍛えよう！

## Step 1-3 センテンス・シャドーイング

Step 1 下のスクリプトを見て、音声を聞きながら、各センテンスを理解してみよう！ そのときに、**文法や語いの解説**を読んで理解を深めよう！ DL 101

Step 2 **スロー・スピード**で各センテンスをシャドーイングしよう！ DL 101

Step 3 **ナチュラル・スピード**で各センテンスをシャドーイングしよう！ DL 102

（M=Male, F=Female）

F: **Excuse** me. Can you tell me where to go to catch the Green Line **train**?
すみません。グリーン・ラインの電車に乗るにはどこに行けばいいでしょうか？

文法 where to ...「どこで…すればいいか」where to go は名詞句。
語い catch「つかまえる；（乗り物に）乗る」
発音 Excuse からは頭の［ɪ］音が脱落する場合がある。train は変化して［チュレイン］のように発音。

M: Do you already have a token? If not, you'll **need to** buy one **at that** machine over there.
トークンはもう買いましたか？ もしまだなら、向こうのあの機械で購入する必要がありますよ。

文法 if not, ...「もしそうでなければ…」場合を表す。
語い token「トークン；代用硬貨」
発音 need to からは［d］音が脱落する。at that からは［t］音が脱落。

F: I've **got a** weekly pass. I just don't know which platform I **need to** go to.
1週間使えるパスを持っているんです。ただ、どこのプラットフォームに行けばいいかわからなくて。

文法 which platform I need to go to「どのホームに行けばいいか」which 以下は間接疑問文で、肯定文の語順になっている。
語い weekly pass「週間パス」
発音 got a はつながって跳ね［ガッダ［ラ］］のように発音。need to からは［d］音が脱落する。

# Giving Directions at the Station



M: Are you **headed** north or south on the Green Line?
グリーン・ラインで北に向かいますか、それとも南ですか？

語い be headed ...「…に向かう」
発音 headed は音が跳ね［ヘッディ[リ]ッ(ド)］のように発音。

F: North, toward upper **Manhattan**.
北です、アッパー・マンハッタンのほうです。

語い toward ...「…のほうへ」
発音 Manhattan は［マンハッんン］あるいは［マンハッダ［ラ］ン］と発音。前者は声門閉鎖音化、後者は弾音化と呼ぶ。

M: Well then, **you can** take that **escalator** over there and follow the signs to platform 5.
では、向こうのあのエスカレーターに乗って5番線方面の標示に従ってください。

文法 ... and ...「…そして…」追加・順番を表す。
発音 you can は短く［ユークン］のように発音される場合がある。escalator は［ t ］音が跳ねて［エスカレイダ［ラ］ー］のように発音される場合がある。

F: Thank you. Do you happen to know how often the **trains** run?
ありがとう。ひょっとして、どのくらいの頻度で電車が走っているかご存知ですか？

文法 how often the trains run「電車がどのくらいの頻度で走っているか」間接疑問文。
語い happen to ...「たまたま…する」
発音 trains は音が変化し［チュレインズ］のように発音。

M: You **shouldn't** have to wait long, they run **about every** ten minutes or so.
長く待つ必要はないはずですよ。10分おきくらいに走っていますから。

文法 shouldn't have to ...「…する必要はないはずだ」shouldn't は可能性・推量を表す。
語い every ten minutes「10分おきに」... or so「…かそこいら」
発音 shouldn't からは［ t ］音がなくなる場合がある。about の［ t ］音が脱落することもある。about every がつながって跳ね［アバウデ［レ］ヴリ］という発音になることもある。

## Step 4 | ダイアローグ・シャドーイング

**ナチュラル・スピードの音声**でダイアローグをシャドーイングしよう！

女性パートのみのシャドーイング ▶ 男性パートのみのシャドーイング ▶ ダイアローグすべてのシャドーイングの順に練習しよう。DL 103

F: **Excuse** me. Can you tell me where to go to catch the Green Line **train**?

M: Do you already have a token? If not, you'll **need to** buy one **at that** machine over there.

F: I've **got a** weekly pass. I just don't know which platform I **need to** go to.

M: Are you **headed** north or south on the Green Line?

F: North, toward upper **Manhattan**.

M: Well then, **you can** take that **escalator** over there and follow the signs to platform 5.

F: Thank you. Do you happen to know how often the **trains** run?

M: You **shouldn't** have to wait long, they run **about every** ten minutes or so.

F: すみません。グリーン・ラインの電車に乗るにはどこに行けばいいでしょうか？

M: トークンはもう買いましたか？ もしまだなら、向こうのあの機械で購入する必要がありますよ。

F: 1週間使えるパスを持っているんです。ただ、どこのプラットフォームに行けばいいかわからなくて。

M: グリーン・ラインで北に向かいますか、それとも南ですか？

F: 北です、アッパー・マンハッタンのほうです。

M: では、向こうのあのエスカレーターに乗って5番線方面の標示に従ってください。

F: ありがとう。ひょっとして、どのくらいの頻度で電車が走っているかご存知ですか？

M: 長く待つ必要はないはずですよ。10分おきくらいに走っていますから。

## ＋α・シャドーイング

音声変化していて発音に特徴があるところを太字にしています。太字の部分の発音に注意して、**関連表現をナチュラル・スピード**でシャドーイングしよう！

DL 104

1 Where **can I** buy a subway ticket? I **need to get to Midtown** Station.
地下鉄の切符はどこで買えますか？ ミッドタウン駅まで行きたいのですが。
＊ subway「地下鉄」

2 In order to **get to** Midtown Station, you're **going to** have to change **trains at Atlantic** Station.
ミッドタウン駅に行くには、アトランティック駅で乗り換える必要があります。

3 I'm not familiar **with this** station. Where **do I get on** the Red Line?
この駅のことがよくわからないんですが。レッド・ラインにはどこから乗れますか？
＊ familiar「よく知っている；精通した」

4 **Could I** have a train schedule for the Blue Line please?
ブルー・ラインの時刻表をいただけますか？

5 Take those stairs over there **up to** platform A.
あの階段をＡホームまで上がっていってください。

6 Excuse me. Do you know if the Red Line express train stops **at this** station?
すみません。レッド・ラインの急行がこの駅に停まるかどうかわかりますか？

7 Which exit do I take to **get to** the taxi stand?
タクシー乗り場へ行くにはどの出口を出ればいいでしょうか？
＊ exit「出口」 taxi stand「タクシー乗り場」

8 There's a station map **on that** wall **right over** there.
ちょうど向こうのあの壁のところに駅の構内図がありますよ。

Unit

# 27 ホテルのチェック・イン

Step 1〜4に沿って学習し、「英語の口」を鍛えよう!

## Step 1-3 センテンス・シャドーイング

Step 1 下のスクリプトを見て、音声を聞きながら、各センテンスを理解してみよう! そのときに、**文法や語いの解説**を読んで理解を深めよう! DL 105

Step 2 **スロー・スピード**で各センテンスをシャドーイングしよう! DL 105

Step 3 **ナチュラル・スピード**で各センテンスをシャドーイングしよう! DL 106

(M=Male, F=Female)

M: We **don't** have a reservation. Do you have any rooms available?
予約をしていないのですが。利用できる部屋はありますか?

文法 rooms available「利用可能な部屋」available が room を後置修飾している。
語い reservation「予約」available「利用可能な」
発音 don't の [ t ] 音は脱落することがある。

F: We sure do. How many nights are you **looking to** stay?
ございますよ。何泊のご予定でしょうか?

文法 sure は副詞。do を強調。
語い look to ...「…しようとする」stay「滞在する」
発音 looking to からは [ g ] 音が脱落することがある。

M: **Tonight and** tomorrow night, **checking out on** Monday.
今夜と明日の晩で、月曜にチェック・アウトします。

語い check out「チェック・アウトする」
発音 Tonight and はつながって跳ね [トゥナイダ [ラ] ン (ド)] という発音になることがある。Tonight の [ t ] 音が脱落する場合もある。checking out からは [ g ] 音や [ t ] 音が脱落しやすい。out on は [アウド [ロ] ン] と発音することもある。

F: Is it just the two of you? **Would you** like a king bed or two queens?
おふた方だけですか? キング・サイズのベッド1つと、クイーン・サイズのベッド2つではどちらがよろしいでしょうか?

発音 Would you は混じり合って音が変化し［ウッジュー］のように発音。

M: Yes. Just us. A room with a king-size bed **would be** preferable.
ええ、ふたりだけです。キング・サイズのベッドの部屋のほうがいいのですが。

文法 ... would be preferable「…のほうが好ましいです」would はていねい。
語い preferable「より好ましい」
発音 would be からは［ d ］音が脱落し［ウッ__ビー］と発音されることがある。

F: No problem. **Just so** you know, we offer a **hot breakfast** buffet between six **and ten** am.
問題ありません。お伝えしておきますが、午前6時から10時まで温かいビュッフェ・スタイルの朝食をご提供しております。

語い just so you know「ひとこと言っておきますが」offer「提供する」buffet「ビュッフェ；セルフサービス式で食べ放題の食事」
発音 just so や hot breakfast から［ t ］音が脱落することがある。and ten からは［ d ］音が脱落しやすい。

M: That sounds great.
それはいいですね。

語い sound「聞こえる；思える」great「すばらしい」

F: Okay, I have you **set up in** room #222, for two nights. Your **total** comes to $210.59.
さて、222号室を2泊でお取りしました。お支払合計は210ドル59セントになります。

語い total「合計（金額）」come to ...「（合計で）…になる」
発音 set up in はつながって一部で音が跳ね［セダ［ラ］ッピン］のように発音されることがある。total は音が跳ね［トウドゥ[ル]ゥ］と発音される場合がある。

M: Thank you. **Put it on** this credit card, please.
ありがとう。このクレジット・カードでお願いします。

語い put「課す；つける」credit card「クレジット・カード」
発音 Put it on はつながって跳ね［プディ[リ]ッド［ロ］ン］のように発音。

## Step 4 | ダイアローグ・シャドーイング

**ナチュラル・スピードの音声**でダイアローグをシャドーイングしよう！
女性パートのみのシャドーイング ▶ 男性パートのみのシャドーイング ▶ ダイアローグすべてのシャドーイングの順に練習しよう。 DL 107

M: We **don't** have a reservation. Do you have any rooms available?

F: We sure do. How many nights are you **looking to** stay?

M: **Tonight and** tomorrow night, **checking out on** Monday.

F: Is it just the two of you? **Would you** like a king bed or two queens?

M: Yes. Just us. A room with a king-size bed **would be** preferable.

F: No problem. **Just so** you know, we offer a **hot breakfast** buffet between six **and ten** am.

M: That sounds great.

F: Okay, I have you **set up in** room #222, for two nights. Your **total** comes to $210.59.

M: Thank you. **Put it on** this credit card, please.

M: 予約をしていないのですが。利用できる部屋はありますか？

F: ございますよ。何泊のご予定でしょうか？

M: 今夜と明日の晩で、月曜にチェック・アウトします。

F: おふた方だけですか？ キング・サイズのベッド１つと、クイーン・サイズのベッド２つではどちらがよろしいでしょうか？

M: ええ、ふたりだけです。キング・サイズのベッドの部屋のほうがいいのですが。

F: 問題ありません。お伝えしておきますが、午前６時から10時まで温かいビュッフェ・スタイルの朝食をご提供しております。

M: それはいいですね。

F: さて、222号室を２泊でお取りしました。お支払合計は210ドル59セントになります。

M: ありがとう。このクレジット・カードでお願いします。

## ＋α・シャドーイング

音声変化していて発音に特徴があるところを太字にしています。太字の部分の発音に注意して、**関連表現をナチュラル・スピード**でシャドーイングしよう！

DL 108



1 This hotel is **completely** non-smoking. **There is** a smoking area outside.
当ホテルは完全禁煙です。外に喫煙所がございます。
＊ completely「完全に」

2 **I'd like to** arrange a wake-up call for 6:30 a.m. please.
6時半にモーニング・コールをお願いしたいのですが。
＊ arrange「手配する」

3 Do you allow pets **at this** hotel?
こちらのホテルにはペットは泊まれますか？
＊ allow「許可する；許容する」

4 Do you offer a **shuttle** service to the airport?
空港へのシャトル・サービスはありますか？

5 I'm sorry, **but we** are **completely** booked for tonight.
すみませんが、今晩は完全に予約で埋まっております。
＊ booked「予約されて」

6 We have a reservation for two nights under the name Brown.
ブラウンの名前で2泊の予約をしてあるのですが。
＊ under the name ...「…の名前で」

7 Is there free wireless **internet** access in each room?
各部屋に無料のWi-Fiインターネット・アクセスがついていますか？
＊ access「アクセス；接続」

8 We have a business center, fitness room and indoor pool.
当ホテルにはビジネス・センターとフィットネス・ルーム、室内プールがございます。
＊ indoor「室内の」

Unit

# 28 ドライブスルーでの会話

Step 1～4に沿って学習し、「英語の口」を鍛えよう！

## Step 1-3 センテンス・シャドーイング

Step 1 下のスクリプトを見て、音声を聞きながら、各センテンスを理解してみよう！ そのときに、**文法や語いの解説**を読んで理解を深めよう！ DL 109

Step 2 **スロー・スピード**で各センテンスをシャドーイングしよう！ DL 109

Step 3 **ナチュラル・スピード**で各センテンスをシャドーイングしよう！ DL 110

（M=Male, F=Female）

M: Welcome to Burger Heaven. May I **take your** order?
バーガー・ヘヴンへようこそ。ご注文は？

文法 May I ...?「…してよろしいですか？」may は許可を表す。
語い Welcome to ...「…へようこそ」order「注文」
発音 take your はつながって音が変化し［テイキュァ］のように発音。

F: I'd like a chicken sandwich **and** onion rings combo meal, please.
チキンのサンドイッチとオニオン・リングのコンボをください。

文法 I'd like ...「…がいただきたい」would はていねい。
語い combo「組み合わせ」meal「食事」
発音 and の［ d ］音が脱落することがある。

M: Do you **want your** chicken crispy or grilled?
クリスピー・チキンとグリルド・チキンのどちらにしますか？

文法 want A B「AをBにしてほしい」SVOCの文型。
語い crispy「サクサクした」grilled「網で焼いた」
発音 want your は［ワンチュァ］あるいは［ワン__ユァ］のように発音。

F: I'll **have it** grilled. Also ... no mayonnaise or **tomatoes on that** please.
グリルド・チキンでお願いします。それと…マヨネーズやトマトは抜いてください。

文法 Also ...「さらに…」追加を表す。
発音 have it はつながって［ハヴィッ(ト)］のように発音。tomatoes は音が跳ね［トメイド［ロ］ウズ］。on that は混じり合ってつながり［オナット］という発音になる場合がある。

## At the Drive-Thru

M: What **would you** like to drink **with that**?

お飲み物はなににしますか？

発音 would you は音が混じり合ってつながり［ウッジュー］のように発音。with that の with からは［ ð ］の音が脱落しやすい。

F: A large **iced tea** with lemon please. **Unsweetened**, if you **have it**.

アイス・レモン・ティーのラージをお願いします。あれば、甘みの入ってないもので。

語い unsweetened「甘みの入ってない」

発音 iced tea の iced からは［ t ］音が脱落しやすい。Unsweetened は［アンスィーんンド］あるいは［アンスィードゥ[ル]ンド］という発音になることがある。have it は［ハヴィッ(ト)］のように発音。

M: Anything for dessert? Or will that **complete your** order today?

デザートになにかいかがですか？それとも、本日のご注文は以上でしょうか？

語い complete「完了させる；終える」

発音 complete your は音が混じり合ってつながり［カンプリーチュァ］のように発音。

F: **That will** do.

それで大丈夫です。

発音 That will からは［ t ］音が脱落しやすい。That'll［ザドゥ[ル]ゥ］と短縮する場合もある。

M: Okay ... your **total** comes to $8.98. Please pull up to the first window.

わかりました…合計金額は8ドル98セントになります。最初の窓口に停車してお待ちください。

語い come to ...「合計で…になる」pull up「停車する」

発音 total は音が跳ね［トウドゥ[ル]ゥ］のように発音。

F: Thank you.

どうも。

語い thank「感謝する」

## Step 4 | ダイアローグ・シャドーイング

**ナチュラル・スピードの音声**でダイアローグをシャドーイングしよう！
女性パートのみのシャドーイング ▶ 男性パートのみのシャドーイング ▶ ダイアローグすべてのシャドーイングの順に練習しよう。DL 111

M: Welcome to Burger Heaven. May I **take your** order?
F: I'd like a chicken sandwich **and** onion rings combo meal, please.
M: Do you **want your** chicken crispy or grilled?
F: I'll **have it** grilled. Also ... no mayonnaise or **tomatoes on that** please.
M: What **would you** like to drink **with that**?
F: A large **iced tea** with lemon please. **Unsweetened**, if you **have it**.
M: Anything for dessert? Or will that **complete your** order today?
F: **That will** do.
M: Okay ... your **total** comes to $8.98. Please pull up to the first window.
F: Thank you.

M: バーガー・ヘヴンへようこそ。ご注文は？
F: チキンのサンドイッチとオニオン・リングのコンボをください。
M: クリスピー・チキンとグリルド・チキンのどちらにしますか？
F: グリルド・チキンでお願いします。それと…マヨネーズやトマトは抜いてください。
M: お飲み物はなににしますか？
F: アイス・レモン・ティーのラージをお願いします。あれば、甘みの入ってないもので。
M: デザートになにかいかがですか？ それとも、本日のご注文は以上でしょうか？
F: それで大丈夫です。
M: わかりました…合計金額は8ドル98セントになります。最初の窓口に停車してお待ちください。
F: どうも。

## ＋α・シャドーイング

音声変化していて発音に特徴があるところを太字にしています。太字の部分の発音に注意して、**関連表現をナチュラル・スピード**でシャドーイングしよう！

DL 112

1 I **need a** few minutes to decide, please.
決めるのにちょっと時間をください。

2 No problem. Just **let me** know when you're ready to order.
大丈夫ですよ。注文できるときに教えてください。

3 **Can I get** some extra catsup for the fries?
フライド・ポテトに余分にケチャップをもらえますか？
＊ extra「余分の」

4 Would you like any dessert to go **with that**?
そちらといっしょにデザートはいかがですか？
＊ to go with ...「…といっしょに注文する」

5 Do you still have the value combo meals?
バリュー・コンボのセットはまだありますか？

6 I'd like a hamburger with cheese **and** nothing else **on it**.
ほかにはなにも入っていない、チーズのハンバーガーをください。
＊ nothing else「ほかになにもない」

7 How **late is your** drive-through open?
こちらのドライブスルーは、夜は何時まで空いていますか？
＊ how late「どのくらい遅くまで」

8 Are you **interested** in trying our new BBQ pork sandwich today?
本日、私どもの新しいバーベキュー・ポーク・サンドをお試しになってはいかがですか？

Unit

# 29 レストランでの注文

Step 1～4に沿って学習し、「英語の口」を鍛えよう！

## Step 1-3 センテンス・シャドーイング

Step 1 下のスクリプトを見て、音声を聞きながら、各センテンスを理解してみよう！ そのときに、**文法や語いの解説**を読んで理解を深めよう！ DL 113

Step 2 **スロー・スピード**で各センテンスをシャドーイングしよう！ DL 113

Step 3 **ナチュラル・スピード**で各センテンスをシャドーイングしよう！ DL 114

（M=Male, F=Female）

F: Are you ready **to order** or do you **need a** few more minutes?
ご注文をお伺いいたしましょうか？ それとも、もうしばらくあとにしますか？

文法 be ready to ...「…する準備ができている」不定詞の副詞的用法。
語い order「注文する」
発音 to や order は音が跳ね［ドゥ[ル]ー］［オーダ［ラ]ー］のように発音することがある。need a はつながって跳ね［ニーダ［ラ]］と発音される場合がある。

M: **What is your** soup of the day?
今日のスープはなんでしょうか？

語い soup of the day「本日のスープ」
発音 What is your は、つながって跳ねたり変化したりした結果［ワッディ[リ] ジュア］［ワッチュア］という発音になる場合がある。

F: Today we have beef and vegetable soup and clam chowder.
本日は、ビーフと野菜のスープと、クラム・チャウダーです。

文法 ... and ...「…と…」並列を表す。
語い clam chowder「クラム・チャウダー（スープ）」

M: Hmmm ... I guess I'll just have a hamburger. **Can I substitute** onion rings for the French fries?
うーん…ハンバーガーだけにしようかな。フライド・ポテトの代わりにオニオン・リングをいただけますか？

文法 I guess (that) ...「…かなあ」that 以下は名詞節。

語い substitute A for B「AでBを代用する；AをBの代わりに用いる」
発音 Can I はつながって［キャナイ］のように発音になる。substitute は［ b ］の音が弱くなり［サフスティテュート］という発音になりやすい。

F: Sure. And how **would you** like your burger cooked?
もちろんです。バーガーの焼き具合はどういたしますか？

語い like A cooked B「AがBに調理されるのが好き」
発音 would you はつながって変化し［ウッジュー］のように発音。

M: Make it medium well, please. **Can I** get bacon **on it** also?
ミディアム・ウェルでお願いします。ベーコンもつけてもらえますか？

語い make it medium well「それをミディアム・ウェルにする」
発音 Can I はつながって［キャナイ］のように発音。on it もつながり［オニッ(ト)］と発音。

F: **Certainly**. And what **would you** like to drink?
かしこまりました。お飲み物はいかがなさいますか？

文法 Certainly.「かしこまりました」顧客への受け答え。
発音 Certainly からは［ t ］の音が抜けたり、［スーんンリー］と発音したりする場合がある。would you はつながって変化し［ウッジュー］のように発音。

M: I'll have unsweetened iced tea if you **have it**.
あれば、砂糖抜きのアイス・ティーを。

文法 if ...「…ならば」場合を表す。
語い unsweetened「甘くない」
発音 have it はつながって［ハヴィッ(ト)］のように発音。

## Step 4 ダイアローグ・シャドーイング

**ナチュラル・スピードの音声**でダイアローグをシャドーイングしよう！
女性パートのみのシャドーイング ▶ 男性パートのみのシャドーイング ▶ ダイアローグすべてのシャドーイングの順に練習しよう。DL 115

F: Are you ready **to order** or do you **need a** few more minutes?

M: **What is your** soup of the day?

F: Today we have beef and vegetable soup and clam chowder.

M: Hmmm ... I guess I'll just have a hamburger. **Can I substitute** onion rings for the French fries?

F: Sure. And how **would you** like your burger cooked?

M: Make it medium well, please. **Can I** get bacon **on it** also?

F: **Certainly**. And what **would you** like to drink?

M: I'll have unsweetened iced tea if you **have it**.

F: ご注文をお伺いいたしましょうか？ それとも、もうしばらくあとにしますか？

M: 今日のスープはなんでしょうか？

F: 本日は、ビーフと野菜のスープと、クラム・チャウダーです。

M: うーん…ハンバーガーだけにしようかな。フライド・ポテトの代わりにオニオン・リングをいただけますか？

F: もちろんです。バーガーの焼き具合はどういたしますか？

M: ミディアム・ウェルでお願いします。ベーコンもつけてもらえますか？

F: かしこまりました。お飲み物はいかがなさいますか？

M: あれば、砂糖抜きのアイス・ティーを。

## ＋α・シャドーイング

音声変化していて発音に特徴があるところを太字にしています。太字の部分の発音に注意して、**関連表現をナチュラル・スピード**でシャドーイングしよう！

DL 116

1 I'd like a **grilled** chicken salad to go please.
グリルド・チキンのサラダをテイク・アウトでください。
＊ to go「テイク・アウトの」

2 What **kind of** salad dressing **would you** like **on that**?
サラダのドレッシングはどの種類をおかけしましょうか？

3 I'll have the lunch special **and** a **bottle** of Corona.
ランチ・スペシャルとコロナ・ビールを１本ください。

4 I'm sorry, we're all **out of** fried calamari today.
すみません、イカ・フライは、本日、全部売り切れになっております。
＊ calamari イカの一種の呼称。

5 Do you have a children's menu?
子供用のメニューはありますか？

6 **Can I** see your wine list?
ワイン・リストを拝見できますか？

7 **That** comes with two sides. They are listed on the **bottom** of the menu.
サイド・メニューが２品ついています。メニューのいちばん下にございます。
＊ side「サイド・ディッシュ」

8 We'd **like to** split a chocolate sundae for dessert.
デザートにチョコレート・サンデーを分けて食べたいのですが。
＊ split「分ける」＝ share

Unit

# 30 旅先でのスケジュール

Step 1〜4に沿って学習し、「英語の口」を鍛えよう！

## Step 1-3 センテンス・シャドーイング

Step 1 下のスクリプトを見て、音声を聞きながら、各センテンスを理解してみよう！ そのときに、**文法や語いの解説**を読んで理解を深めよう！ DL 117

Step 2 **スロー・スピード**で各センテンスをシャドーイングしよう！ DL 117

Step 3 **ナチュラル・スピード**で各センテンスをシャドーイングしよう！ DL 118

（M=Male, F=Female）

M: This is the last day of our vacation here. **What** do you **want to** do?
今日がここでの休暇の最終日だね。なにがしたい？

語い vacation「休暇旅行」
発音 What の末尾の［t］音が脱落。want to は［ワン_トゥー］あるいは［ワナ］と発音される。

F: Well, it's 9:**30** now. How **about** we have breakfast on the beach?
そうね、いまは9時半よね。ビーチで朝食を食べるのはどう？

文法 It's 9:30.「9時半だ」It は時間を表す。
How about ...「…するのはどう？」How about ＋ SV ... ? の形で提案を表す。
発音 30は音が跳ね［サーディ[リ]ー］のように発音する場合がある。about からは［t］音が脱落しやすい。

M: That's fine. I **want to get** some golf in this morning before **it** gets too hot.
いいね。今朝は、あまり暑くなる前にちょっとゴルフがしたいんだ。

文法 before ...「…の前に」時間を表す接続詞。
語い get some golf「ちょっとゴルフをする」get hot「暑くなる」
発音 want to は［ワン_トゥー］あるいは［ワナ］と発音される。get と it からは［t］音が脱落しやすい。

F: While you're playing golf, I am **going to** spend a few hours **at the** spa.
あなたがゴルフをしている間、私はスパで数時間過ごすわ。

文法 While ...「…の間」期間を表す。
語い spend「(時間・お金などを) 費やす」spa「スパ；温泉 (施設)」
発音 going to は［ゴウイン＿トゥー］あるいは［ゴナ］のように発音。at the からは［ t ］が脱落して［アッ＿ザ］と発音。

M: Okay. **What** do you think **about a** late lunch **at** that seafood restaurant we liked?
わかった。僕らが気に入ったシーフード・レストランで遅めのランチにするのはどう？

文法 restaurant (that) we liked「私たちが気に入ったレストラン」関係代名詞の目的格thatが省略されている。
語い late lunch「遅め昼ご飯」
発音 What と at の末尾の［ t ］音は脱落しやすい。about a はつながって跳ね［アバウダ［ラ］］のように発音。

F: That sounds good. I **want to** do a **little** shopping this afternoon too.
いいわね。今日の午後はちょっと買い物もしたいの。

文法 That sounds good.「それはいいね」SVC の文型。
発音 want to は［ワン＿トゥー］あるいは［ワナ］と発音される。little は音が跳ねて［リドゥ[ル]ゥ］と発音される。

M: We **won't** have too much time. Remember our flight is **at** six.
あまり時間はたくさんないからね。フライトは6時だよ。

文法 won't have「ない」未来を表す助動詞 will の否定形。
語い remember「覚えている」flight「フライト」
発音 won't と at からは［ t ］音が脱落しやすい。

F: **As long as** we're **back** to the hotel by four we **should** be okay.
ホテルに4時までに戻ってくれば大丈夫なはずよ。

文法 As long as ...「…である限り」条件・限定を表す。
should be okay「問題ないはずだ」should は確信や可能性を表す。
発音 As long as は音がつながり［(ア) ズロンガズ］のように発音されることがある。back からは［ k ］音が、should からは［ d ］音が脱落しやすい。

## Step 4 ダイアローグ・シャドーイング

**ナチュラル・スピードの音声**でダイアローグをシャドーイングしよう！

女性パートのみのシャドーイング ▶ 男性パートのみのシャドーイング ▶ ダイアローグすべてのシャドーイングの順に練習しよう。 DL 119

M: This is the last day of our vacation here. **What** do you **want to** do?

F: Well, it's 9:**30** now. How **about** we have breakfast on the beach?

M: That's fine. I **want to get** some golf in this morning before **it** gets too hot.

F: While you're playing golf, I am **going to** spend a few hours **at the** spa.

M: Okay. **What** do you think **about a** late lunch **at** that seafood restaurant we liked?

F: That sounds good. I **want to** do a **little** shopping this afternoon too.

M: We **won't** have too much time. Remember our flight is **at** six.

F: **As long as** we're **back** to the hotel by four we **should** be okay.

M: 今日がここでの休暇の最終日だね。なにがしたい？

F: そうね、いまは9時半よね。ビーチで朝食を食べるのはどう？

M: いいね。今朝は、あまり暑くなる前にちょっとゴルフがしたいんだ。

F: あなたがゴルフをしている間、私はスパで数時間過ごすわ。

M: わかった。僕らが気に入ったあのシーフード・レストランで遅めのランチにするのはどう？

F: いいわね。今日の午後はちょっと買い物もしたいの。

M: あまり時間はたくさんないからね。フライトは6時だよ。

F: ホテルに4時までに戻ってくれば大丈夫なはずよ。

## ＋α・シャドーイング

音声変化していて発音に特徴があるところを太字にしています。太字の部分の発音に注意して、**関連表現をナチュラル・スピード**でシャドーイングしよう！

DL 120

1 I've **got a** full day of **activities** planned.
今日は一日フルに行動の予定ができてるの。

2 **What** do you feel like doing this afternoon?
今日の午後はなにがしたい気分？

3 I don't **want to** do anything but lie on the beach **with a** cocktail.
カクテルを飲みながらビーチで横たわってる以外は、なにもしたくないわ。
＊ anything but ...「…以外のなにも」lie「横たわる」

4 We're **supposed to** meet Ken and Carrie **in the** hotel lobby at seven.
7時にケンとキャリーにホテルのロビーで会うことになっているからね。
＊ be supposed to ...「…することになっている」

5 I'm **not** sure if we can **fit all that in** in the time that we have.
それ全部を、僕たちのもってる時間に組み込めるかなあ？

6 I **need to** shop for souvenirs before we leave.
出発する前にお土産を買う必要があるわ。
＊ souvenir「土産」

7 We still **have to** pack and check **out of** the hotel. **That'll** take **at least** an hour.
それに、荷物をまとめてホテルをチェック・アウトしないとダメね。少なくとも1時間はかかるわ。

8 We **need** to be at the airport **around** five, so we **should** leave the hotel by four.
5時頃には空港にいる必要があるわ。だから、ホテルを4時にまで出発するべきね。

Unit
# 31 お酒を飲みながらの会話

Step 1～4に沿って学習し、「英語の口」を鍛えよう！

## Step 1-3 センテンス・シャドーイング

Step 1 下のスクリプトを見て、音声を聞きながら、各センテンスを理解してみよう！ そのときに、**文法や語いの解説**を読んで理解を深めよう！ DL 121

Step 2 **スロー・スピード**で各センテンスをシャドーイングしよう！ DL 121

Step 3 **ナチュラル・スピード**で各センテンスをシャドーイングしよう！ DL 122

（M=Male, F=Female）

F: We **haven't** been **out** for drinks **in a** while. It's good to see you.
しばらく外に飲みにきてなかったね。久しぶり。

文法 haven't been out「出かけていなかった」現在完了形で過去から現在までの時間の流れを表す。

語い be out for drinks「外に飲みに行く」in a while「しばらくの間」

発音 haven't や out からは［ t ］音が脱落しやすい。in a は音がつながって［イナ］と発音される場合がある。

M: Yeah. I've **just** been so busy **at** work lately. **What are** you having? First round's on me.
うん、最近仕事がすごく忙しくてね。君はなにを飲む？ 最初の１杯は僕がおごるよ。

語い first round「１巡目；１杯目」on me「私のおごりで」

発音 just や at からは［ t ］音が脱落しやすい。What are はつながって跳ね［ワッダ［ラ］ー］のように発音される場合がある。

F: I think I'll have a glass of Merlot.
メルローのグラスをいただこうかな。

文法 I think (that) I'll have ...「…を飲もうと思う」that 以下は名詞節。

語い Merlot「メルロー」ワインの種類。

M: Wine, huh? That's a change. You always **used to** be a beer drinker.
ワインかい？ いつもと違うじゃない。ずっとビールばかり飲んでたのに。

語い change「変化」used to ...「以前は…したものだ」

発音 used to は［ユース__トゥー］のように発音される。

F: I've been **on a** diet so I'm **trying** to **cut** down on my calorie intake. How **about you** ... still **drinking** Scotch?
ダイエット中なの。だからカロリー摂取を抑えてるのよ。あなたは…まだスコッチを飲んでるの?

文法 try to ...「…しようとする」不定詞の名詞的用法。
語い on a diet「ダイエット中で」cut down on ...「…を控える」
発音 on a は音がつながり［オナ］と発音。trying や cut, drinking からは末尾の［t］［g］の音が脱落。about you は音が混じり合ってつながり［(ア) バウチュー］のように発音されることが多い。また、［t］音が抜けてと［アバウ__ユー］となることもある。

M: Usually yes, **but I** went out with some co-workers **last** night and we **got** hammered. **Just** beer today.
たいていはそうだけど、昨日同僚と飲みにいってひどく酔っちゃったんだ。今日はビールだけ。

語い co-worker「同僚」get hammered「ひどく酔う」
発音 but I はつながって跳ね［バッダ［ラ］イ］のように発音。last や got, Just は末尾の［t］音が脱落しやすい。

F: I forgot **what a** hangover feels like it's been so long. **But I don't** miss it!
長い間、二日酔いになってないから、どんな感じだか忘れちゃった。でも、いいことだよね!

文法 what a hangover feels like「二日酔いがどのように感じるか」間接疑問文。
語い I don't miss it. は「私はそれ［二日酔い］がなくてさみしく思うことはない」が直訳。
発音 what a と But I は音がつながって跳ね［ワッダ［ラ］］［バッダ［ラ］イ］のように発音。don't からは末尾の［t］音が脱落しやすい。

## Step 4 ダイアローグ・シャドーイング

**ナチュラル・スピードの音声**でダイアローグをシャドーイングしよう！
女性パートのみのシャドーイング ▶ 男性パートのみのシャドーイング ▶ ダイアローグすべてのシャドーイングの順に練習しよう。 DL 123

F: We **haven't** been **out** for drinks **in a** while. It's good to see you.

M: Yeah. I've **just** been so busy **at** work lately. **What are** you having? First round's on me.

F: I think I'll have a glass of Merlot.

M: Wine, huh? That's a change. You always **used to** be a beer drinker.

F: I've been **on a** diet so I'm **trying** to **cut** down on my calorie intake. How **about you** ... still **drinking** Scotch?

M: Usually yes, **but I** went out with some co-workers **last** night and we **got** hammered. **Just** beer today.

F: I forgot **what a** hangover feels like it's been so long. **But I don't** miss it!

F: しばらく外に飲みにきてなかったね。久しぶり。

M: うん、最近仕事がすごく忙しくてね。君はなにを飲む？ 最初の１杯は僕がおごるよ。

F: メルローのグラスをいただこうかな。

M: ワインかい？ いつもと違うじゃない。ずっとビールばかり飲んでたのに。

F: ダイエット中なの。だからカロリー摂取を抑えてるのよ。あなたは…まだスコッチを飲んでるの？

M: たいていはそうだけど、昨日同僚と飲みにいってひどく酔っちゃったんだ。今日はビールだけ。

F: 長い間、二日酔いになってないから、どんな感じだか忘れちゃった。でも、いいことだよね！

## ＋α・シャドーイング

音声変化していて発音に特徴があるところを太字にしています。太字の部分の発音に注意して、**関連表現をナチュラル・スピード**でシャドーイングしよう！

DL 124

1 I'm **not in** the mood for hard liquor today. I'll just have a beer.
今日は強いお酒を飲む気になれないわ。ビールだけにしておく。

2 I hear this place has a **great** selection of wine. Let's order a **bottle**.
ここはワインの品揃えが豊富だって聞いたわ。ボトルを頼みましょうよ。

3 I **used to** prefer tequila, **but lately** I've **switched to** vodka.
以前はテキーラが好きだったけど、この頃はウォッカに変えたのよ。

4 Now **that it's** summertime, I'm **on a** cocktail kick.
いまは夏だから、私はカクテルにハマってるの。
＊ on a ... kick「一時的に…に夢中で」飲食物以外にも使えるフレーズ。

5 The **last time** we **went out** drinking together you **got** me too drunk!
前にいっしょに飲みにいったときは、あなたに散々酔わされたわ！

6 I **can only** stay for a couple of drinks.
私は、あと数杯飲む間だけしかいられないから。

7 The **last time** I drank whiskey **it made** me sick to my stomach.
最後にウイスキーを飲んだときは、気持ち悪くなっちゃった。
＊ sick to one's stomach「吐き気がして；気分が悪くて」

8 It **doesn't matter** how much I drink, I never **get** hangovers.
どれだけ飲んでもかまわないわ。二日酔いにはならないから。

Unit

# 32 銀行での会話

Step 1～4に沿って学習し、「英語の口」を鍛えよう！

## Step 1-3 センテンス・シャドーイング

Step 1 下のスクリプトを見て、音声を聞きながら、各センテンスを理解してみよう！ そのときに、**文法や語いの解説**を読んで理解を深めよう！ DL 125

Step 2 **スロー・スピード**で各センテンスをシャドーイングしよう！ DL 125

Step 3 **ナチュラル・スピード**で各センテンスをシャドーイングしよう！ DL 126

（M=Male, F=Female）

F: **Good afternoon**. Welcome to AMERICA BANK. **What can I** do for you today?

こんにちは。アメリカ・バンクへようこそ。本日はどのようなご用件でしょうか？

語い Welcome to ...「…へようこそ」

発音 Good afternoon. はつながって跳ね［グッダ［ラ］フタヌーン］のように発音することがある。What can I は脱落や連結によって［ワッ_キャナイ］のように発音。

M: I'd **like to** deposit this check, **but I don't know** my account number.

この小切手を預けたいんですが、口座番号がわからなくて。

文法 I'd like to ...「…したい」不定詞の名詞的用法。

語い deposit「預け入れる」check「小切手」account「口座」

発音 like to からは［ k ］音が脱落。but I はつながって跳ね［バッダ［ラ］イ］のように発音。but の［ t ］音が抜けることもある。don't know からは［ t ］音が脱落。

F: That's quite alright. Do you have your ATM card with you?

それはまったく問題ありません。キャッシュ・カードはお持ちですか？

文法 with you「あなたの手元に」with は付帯状況を表す。

語い quite「まったく」

M: Yes. Here you go. I'd like the money to go into my savings **account** please.

はい、こちらです。私の普通預金口座にお金を入れたいんです。

文法 I'd like A to B「AがBすることを望む」不定詞の名詞的用法。

語い Here you go.「はいどうぞ（手渡すときの決まり文句）」savings account「普通預金口座」
発音 account の［t］音は脱落しやすい。

F: Please endorse the check for me by **signing** the back.
裏面に署名して、小切手を裏書きしてください。

文法 Please ...「…してください」＜Please ＋動詞の原形＞で、ていねいな命令文になる。
語い endorse「裏書きする」sign「署名する」
発音 signing の最初の［g］は発音しない。末尾の［g］音も脱落する場合がある。

M: Oh, by the way. **Is it** possible for me to get $100 cash back?
ああ、ところで、100ドルをキャッシュで受け取ることはできますか？

語い by the way「ところで」possible「可能な」
発音 Is it の it から［t］音が脱落することがある。

F: Sure. **Would you** like that in small bills or will five **twenty**-dollar bills do?
もちろんです。小額紙幣がいいでしょうか、それとも20ドル札5枚でいいですか？

文法 ... or ...「…それとも…」選択を表す。
語い small bills「小額紙幣」一般的に、20ドル札以上は big bills という印象。それより小さい額の紙幣が small bills と呼ばれる。
発音 Would you はつながって変化し［ウッジュー］のように発音。twenty は［t］が抜けて［トゥエニー］と発音される。

M: **If it's** okay I'd like six tens and two **twenties**, please.
もし大丈夫なら、10ドル札を6枚と、20ドル札を2枚でお願いします。

語い ten「10ドル札」twenty「20ドル札」
発音 If it's はつながって［(イ) フィッツ］のように発音。twenties は［トゥエニーズ］と発音される場合がある。

## Step 4 ダイアローグ・シャドーイング

**ナチュラル・スピードの音声**でダイアローグをシャドーイングしよう！

女性パートのみのシャドーイング ▶ 男性パートのみのシャドーイング ▶ ダイアローグすべてのシャドーイングの順に練習しよう。 DL 127

F: **Good afternoon**. Welcome to AMERICA BANK. **What can I** do for you today?

M: I'd **like to** deposit this check, **but I don't know** my account number.

F: That's quite alright. Do you have your ATM card with you?

M: Yes. Here you go. I'd like the money to go into my savings **account** please.

F: Please endorse the check for me by **signing** the back.

M: Oh, by the way. **Is it** possible for me to get $100 cash back?

F: Sure. **Would you** like that in small bills or will five **twenty**-dollar bills do?

M: **If it's** okay I'd like six tens and two **twenties**, please.

F: こんにちは。アメリカ・バンクへようこそ。本日はどのようなご用件でしょうか？

M: この小切手を預けたいんですが、口座番号がわからなくて。

F: それはまったく問題ありません。キャッシュ・カードはお持ちですか？

M: はい、こちらです。私の普通預金口座にお金を入れたいんです。

F: 裏面に署名して、小切手を裏書きしてください。

M: ああ、ところで、100ドルをキャッシュで受け取ることはできますか？

F: もちろんです。小額紙幣がいいでしょうか、それとも20ドル札５枚でいいですか？

M: もし大丈夫なら、10ドル札を６枚と、20ドル札を２枚でお願いします。

## ＋α・シャドーイング

音声変化していて発音に特徴があるところを太字にしています。太字の部分の発音に注意して、**関連表現をナチュラル・スピード**でシャドーイングしよう！

DL 128

1 I'd **like to** make a withdrawal from my checking account.
当座預金から引き出したいのですが。
＊ withdrawal「引き出し」checking account「当座預金」

2 **I'd like to** talk to someone **about getting a** small business loan.
小企業向けの事業融資を受けるために担当者と話がしたいのですが。
＊ small business loan「小企業向けの事業融資」

3 I'm **interested** in opening a new account with you.
御社で新しい口座を開きたいのですが。

4 I **need to** apply for a new ATM card. **Can I** do that here?
新しいATMカードの申請をしたいのですが、ここでできますか？
＊ apply「申請する」

5 **Can you** show me how to use this ATM machine?
この ATM の操作を教えてもらえますか？

6 Fill out this form please. Be sure to include the deposit amount **and** the account number.
こちらの書式にご記入ください。預金額と口座番号をお忘れなく。
＊ deposit amount「預金額」account number「口座番号」

7 If you will just go over to that **counter and** take a number, someone **will be** with you shortly.
あちらのカウンターに行って番号札を取ってお待ちいただけば、まもなく担当者が対応いたします。
＊ take a number「番号札を取って待つ」

8 I'd like to exchange some Euros to dollars. Can you help me **with that**?
ユーロをドルに交換したいのですが。お願いできますか？

Unit

# 33 郵便局の窓口でのやりとり

Step 1〜4に沿って学習し、「英語の口」を鍛えよう！

## Step 1-3 センテンス・シャドーイング

Step 1 下のスクリプトを見て、音声を聞きながら、各センテンスを理解してみよう！ そのときに、**文法や語いの解説**を読んで理解を深めよう！ DL 129

Step 2 **スロー・スピード**で各センテンスをシャドーイングしよう！ DL 129

Step 3 **ナチュラル・スピード**で各センテンスをシャドーイングしよう！ DL 130

（M=Male, F=Female）

F: Next in line please. **What can** we do for you today?
次にお並びの方どうぞ。今日はどのようなご用件でしょう？

語い next in line「列の次（の人）」
発音 What can からは［ t ］音が脱落する。

M: I'd **like to** mail this package via express mail. How much **would that** cost?
速達でこの荷物を送りたいのですが。料金はいくらになりますか？

語い mail「郵送する」via express mail「速達で」cost「（費用が）かかる」
発音 like to からは［ k ］音が、would that からは［ d ］音が脱落しやすい。

F: Let's **put it on** the scale here. Okay, it weighs about four pounds. The postage **would be** $10.50.
こちらの秤に載せてみますね。はい、約4ポンドですね。郵便料金は10ドル50セントになります。

文法 would be ...「…になります」would はていねい。
語い put「載せる」scale「台秤」weigh ...「…の重さだ」pound「ポンド（重さの単位）」postage「郵便料金」
発音 put it on はつながって跳ね［プッディ[リ]ッド［ロ］ン］のように発音。would be は［ウッ＿ビー］と［ d ］が脱落する。

M: That's fine. If it goes out today, when **will it arrive** at the destination?
そうですか。今日発送したら、宛先にいつ到着しますか？

文法 If ...「もし…なら」場合を表す接続詞。
語い go out「出荷される」destination「宛先；行き先」
発音 will it arrive からは［ t ］音が脱落することがある。

F: Well, it's **going to** California, so transit **would be** two business days.
えー、カリフォルニア宛ですね。でしたら、配送に2営業日かかります。

文法 be going to ...「…に行く予定だ」進行形で近い未来を表す。
語い transit「輸送；配送」business day「営業日」
発音 going to からは［ g ］音が抜け［ゴウイン__トゥー］のように発音。would be は［ウッ__ビー］となる。

M: **That means** it **would be** there by Wednesday afternoon, right?
ということは、水曜の午後までには到着するということですね？

文法 That means (that) ...「それは…ということを意味する」that 以下は名詞節。
発音 That means からは［ t ］音が脱落。would be は［ウッ__ビー］となる。

F: That's right. If you **need it** to **get there** sooner we can send it **Priority** Overnight, **but that** would cost more.
そのとおりです。もっと早く届けたければ翌日配達便で送れますが、料金が高くなります。

語い need A to B「AがBすることを必要とする」priority overnight「翌日配達の優先便」
発音 need it はつながって跳ね［ニーディ[リ]ッ(ト)］のように発音。get there や but that からは［ t ］音が脱落。Priority は音が跳ね［プライオリディ[リ]ー］のように発音されることがある。

M: No thank you. As long as it arrives by Wednesday that **will be** fine.
いいえ、けっこうです。水曜までに到着するのであれば、それでかまいませんので。

文法 As long as ...「…する限り」条件・限定を表す接続詞。
語い fine「問題ない；差し支えない」
発音 will be は短く速く［ウィゥビー］のように発音。

## Step 4 | ダイアローグ・シャドーイング

**ナチュラル・スピードの音声**でダイアローグをシャドーイングしよう！

女性パートのみのシャドーイング ▶ 男性パートのみのシャドーイング ▶ ダイアローグすべてのシャドーイングの順に練習しよう。 DL 131

F: Next in line please. **What can** we do for you today?

M: I'd **like to** mail this package via express mail. How much **would that** cost?

F: Let's **put it on** the scale here. Okay, it weighs about four pounds. The postage **would be** $10.50.

M: That's fine. If it goes out today, when **will it arrive** at the destination?

F: Well, it's **going to** California, so transit **would be** two business days.

M: **That means** it **would be** there by Wednesday afternoon, right?

F: That's right. If you **need it** to **get there** sooner we can send it **Priority** Overnight, **but that** would cost more.

M: No thank you. As long as it arrives by Wednesday that **will be** fine.

F: 次にお並びの方どうぞ。今日はどのようなご用件でしょう？

M: 速達でこの荷物を送りたいのですが。料金はいくらになりますか？

F: こちらの秤に載せてみますね。はい、約4ポンドですね。郵便料金は10ドル50セントになります。

M: そうですか。今日発送したら、宛先にいつ到着しますか？

F: えー、カリフォルニア宛ですね。でしたら、配送に2営業日かかります。

M: ということは、水曜の午後までには到着するということですね？

F: そのとおりです。もっと早く届けたければ翌日配達便で送れますが、料金が高くなります。

M: いいえ、けっこうです。水曜までに到着するのであれば、それでかまいませんので。

## ＋α・シャドーイング

音声変化していて発音に特徴があるところを太字にしています。太字の部分の発音に注意して、**関連表現をナチュラル・スピード**でシャドーイングしよう！

DL 132



1 I **need to** purchase a roll of stamps please.
切手をひと巻購入したいのですが。
＊ a roll of ...「…のひと巻き」

2 Do you have any boxes **that** this item will **fit in**?
この品物が入る箱はありますか？

3 **What is** the postage rate to send a **letter** to Japan?
日本へ手紙を送るときの郵便料金はいくらですか？
＊ postage rate「郵便料金」

4 I received this **notice** that my package has arrived. I'm here to **pick it up**.
荷物が届いているというこの通知を受け取ったのですが。それを受け取りにきました。

5 How much **would it cost** to send these **letters** by **certified** mail?
これらの手紙を配達証明郵便で送るといくらになりますか？

6 I am going on vacation and **would like to** have my mail held for two weeks.
休暇旅行に行くので、2週間郵便物を保留しておいてほしいのですが。
＊ hold「保管する；留め置く；留置する」

7 In order to **hold your** mail for you, we **need you** to fill out this form.
郵便を保管するためには、こちらの書類に記入していただく必要があります。

8 Is there a way **that I** can track my package online?
荷物をネットで追跡する方法はありますか？

Unit

# 34 病院での医者との会話

Step 1～4に沿って学習し、「英語の口」を鍛えよう！

## Step 1-3 センテンス・シャドーイング

Step 1 下のスクリプトを見て、音声を聞きながら、各センテンスを理解してみよう！ そのときに、**文法や語いの解説**を読んで理解を深めよう！ DL 133

Step 2 **スロー・スピード**で各センテンスをシャドーイングしよう！ DL 133

Step 3 **ナチュラル・スピード**で各センテンスをシャドーイングしよう！ DL 134

（M=Male, F=Female）

F: So Mr. Jameson, what seems to be **bothering you** today?
で、ジェイムソンさん、今日はどこの具合が悪いようでしょうか？

語い seem to ...「…するようだ」bother「悩ませる」

発音 bothering you は［バザリン__ユー］あるいは［バザリニュー］のように発音される場合がある。

M: I feel dizzy and light-headed. My **heart is** racing too.
めまいがしてふらふらするんです。胸もどきどきするんですよ。

語い dizzy「めまいがする」light-headed「ふらふらした」race「どきどきする；早く脈打つ」

発音 heart is はつながって音が跳ね［ハーディ[リ]ズ］のように発音。

F: How long have you been experiencing these symptoms?
こういった症状はいつからでしょう？

文法 have you been experiencing「経験しているのですか？」現在完了進行形の疑問文。

語い symptom「症状」

M: It **started** the day before yesterday, **but it's** been **getting** worse each day.
一昨日から始まりましたが、日増しに悪くなっているんです。

文法 has been getting worse「だんだん悪くなってきている」現在完了進行形。

語い the day before yesterday「一昨日」

発音 started と getting は音が跳ね［スターディ[リ]ッ(ド)］［ゲディ[リ]ン（グ）］のように発音。but it's はつながって音が跳ね［バディ[リ]ッツ］と発音。

F: Okay. Let's take your blood pressure and I **want to** do some blood tests too.
そうですか。血圧を測りましょう。それと、血液検査もしておきたいですね。

文法 Let's ...「…しましょう」Let's ＋〈命令文〉の形。
語い blood pressure「血圧」blood test「血液検査」
発音 want to は［ワン_トゥー］あるいは［ワナ］と発音される。

M: If you must.
必要ならどうぞ。

文法 If you must.「そうしなければならないのなら」must は強い義務・必要を表す。

F: Well, your blood pressure is rather high. Do you **have a history** of high blood pressure?
血圧がかなり高いですね。高血圧になったことはありますか？

語い history「病歴；履歴」high blood pressure「高血圧」
発音 have a はつながって［ハヴァ］。history は［ヒスチュリー］と発音。

M: It runs in the family, **but** I have personally never had any problems before.
血統なんですよ。でも僕は個人的には、これまで一度も問題なかったんですが。

語い run in the family「家系に流れる；血統だ」personally「個人的には」
発音 but の［ t ］音は脱落しやすい。

F: Well ... I think we **should keep** you overnight while we wait for the test results.
ああ…テストの結果が出るまで、ひと晩こちらでお過ごしいただければと思います。

文法 while ...「…の間」期間を表す接続詞。
語い overnight「ひと晩」wait for ...「…を待つ」result「結果」
発音 should keep からは［ d ］音が脱落することがある。

## Step 4 | ダイアローグ・シャドーイング

**ナチュラル・スピードの音声**でダイアローグをシャドーイングしよう！

女性パートのみのシャドーイング ▶ 男性パートのみのシャドーイング ▶ ダイアローグすべてのシャドーイングの順に練習しよう。 DL 135

F: So Mr. Jameson, what seems to be **bothering you** today?

M: I feel dizzy and light-headed. My **heart is** racing too.

F: How long have you been experiencing these symptoms?

M: It **started** the day before yesterday, **but it's** been **getting** worse each day.

F: Okay. Let's take your blood pressure and I **want to** do some blood tests too.

M: If you must.

F: Well, your blood pressure is rather high. Do you **have a history** of high blood pressure?

M: It runs in the family, **but** I have personally never had any problems before.

F: Well ... I think we **should keep** you overnight while we wait for the test results.

F: で、ジェイムソンさん、今日はどこの具合が悪いようでしょうか？

M: めまいがしてふらふらするんです。胸もどきどきするんですよ。

F: こういった症状はいつからでしょう？

M: 一昨日から始まりましたが、日増しに悪くなっているんです。

F: そうですか。血圧を測りましょう。それと、血液検査もしておきたいですね。

M: 必要ならどうぞ。

F: 血圧がかなり高いですね。高血圧になったことはありますか？

M: 血統なんですよ。でも僕は個人的には、これまで一度も問題なかったんですが。

F: ああ…テストの結果が出るまで、ひと晩こちらでお過ごしいただければと思います。

## ＋α・シャドーイング

音声変化していて発音に特徴があるところを太字にしています。太字の部分の発音に注意して、**関連表現をナチュラル・スピード**でシャドーイングしよう！

DL 136

1 Are you **currently** taking any prescription medication?
あなたは現在、処方薬を飲んでいますか？
＊ prescription medication「処方薬」

2 We **need to** run some more tests **in order** to **make a** diagnosis.
診断を下すには、あといくつか検査を行う必要があります。

3 We **need to** take some X-rays and an MRI.
レントゲンと MRI を撮る必要があります。

4 I'm afraid we are **going to have to** admit you until we find out what's wrong.
恐縮ですが、原因がわかるまで入院していただく必要があります。
＊ admit「入院させる」

5 Do you **currently** have health insurance?
あなたは現在、健康保険に入っていますか？

6 When was the **last time** you had a physical exam?
最後に健康診断をしたのはいつですか？

7 I fell down some stairs. I think I **may have** broken some ribs.
階段を数段落ちてしまったんです。あばらを数本折っているかもしれません。
＊ rib「肋骨」

8 I am **going to get you** in to see a specialist.
あなたを専門家に紹介しますので。
＊ get A in to see B「AをBに会わせる；紹介する」

Unit

# 35 緊急通報の会話

Step 1〜4に沿って学習し、「英語の口」を鍛えよう!

## Step 1-3 センテンス・シャドーイング

Step 1 下のスクリプトを見て、音声を聞きながら、各センテンスを理解してみよう! そのときに、**文法や語いの解説**を読んで理解を深めよう!
DL 137

Step 2 **スロー・スピード**で各センテンスをシャドーイングしよう! DL 137

Step 3 **ナチュラル・スピード**で各センテンスをシャドーイングしよう! DL 138

(M=Male, F=Female)

F: 911. **What is** your emergency?
911番です。緊急ですか?

語い 911「【米国】緊急通報用の電話番号」emergency「緊急事態」
発音 What is はつながって跳ね[ワッディ[リ]ズ]のように発音。

M: I can see smoke **coming** from my neighbor's house! Send the fire department!
隣の家から煙が出ているのが見えるんです! 消防隊を派遣してください!

文法 see something/someone -ing「…が…しているのが見える」see は知覚動詞。
語い smoke「煙」neighbor's house「隣家」fire department「消防隊;消防署」
発音 coming の[g]音は脱落する場合がある。

F: **It looks** like you're calling me from 2415 River Road, is **that correct**?
リバー・ロードの2415からお電話いただいているようですが、正しいでしょうか?

文法 look like ...「…のようだ」like は接続詞。
語い call「電話をかける」correct「正しい」
発音 It looks や that correct の it, that からは[t]音が脱落しやすい。

M: Yes. My neighbor's address is 2417. Please hurry!
はい。隣の家の住所は2417です。急いでください!

語い address「住所」hurry「急ぐ」

## Calling 911

F: Fire crews are **on their** way. Stay calm. Do you know if anyone is inside the house?
消防団員がそちらへ向かっています。落ち着いてください。家の中に人がいるかどうかわかりますか？

文法 Stay calm.「落ち着いて」VCの命令文。
if ...「…かどうか」if ... は名詞節。
語い fire crews「消防団員」on one's way「(向かっている) 途中で」
発音 on their は音が混じり合ってつながり［オネア］のように発音される場合がある。

M: I'm not sure. I **don't** think so because their car is **not** there.
わかりません。自動車がないので、いないのだと思います。

文法 because ...「…だから」理由を表す接続詞。
発音 don't, not の［ t ］音は脱落しやすい。

F: Can you see any fire or **just smoke**?
火が見えますか？ それとも煙だけですか？

語い fire「炎」
発音 just smoke からは［ t ］音が脱落する場合がある。

M: Right now just smoke ... it's coming **out of** the second floor windows.
いまは煙だけです…２階の窓から出ています。

語い right now「ちょうどいまは」come out of ...「…から出てくる」
発音 out of はつながって跳ね［アウダ［ラ］(ヴ)］のように発音。

F: Okay. Maintain a safe distance. Help is **on the** way.
わかりました。距離を置いて安全な場所にいてください。救助スタッフがそちらに向かっていますので。

語い maintain「持続する；維持する」
発音 on the は音が混じり合ってつながり［オナ］と発音される場合がある。

## Step 4 | ダイアローグ・シャドーイング

**ナチュラル・スピードの音声**でダイアローグをシャドーイングしよう！
女性パートのみのシャドーイング ▶ 男性パートのみのシャドーイング ▶ ダイアローグすべてのシャドーイングの順に練習しよう。DL 139

F: 911. **What is** your emergency?

M: I can see smoke **coming** from my neighbor's house! Send the fire department!

F: **It looks** like you're calling me from 2415 River Road, is **that correct**?

M: Yes. My neighbor's address is 2417. Please hurry!

F: Fire crews are **on their** way. Stay calm. Do you know if anyone is inside the house?

M: I'm not sure. I **don't** think so because their car is **not** there.

F: Can you see any fire or **just smoke**?

M: Right now just smoke ... it's coming **out of** the second floor windows.

F: Okay. Maintain a safe distance. Help is **on the** way.

F: 911番です。緊急ですか？

M: 隣の家から煙が出ているのが見えるんです！ 消防隊を派遣してください！

F: リバー・ロードの2415からお電話いただいているようですが、正しいでしょうか？

M: はい。隣の家の住所は2417です。急いでください！

F: 消防団員がそちらへ向かっています。落ち着いてください。家の中に人がいるかどうかわかりますか？

M: わかりません。自動車がないので、いないのだと思います。

F: 火が見えますか？ それとも煙だけですか？

M: いまは煙だけです…2階の窓から出ています。

F: わかりました。距離を置いて安全な場所にいてください。救助スタッフがそちらに向かっていますので。

## ＋α・シャドーイング

音声変化していて発音に特徴があるところを太字にしています。太字の部分の発音に注意して、**関連表現をナチュラル・スピード**でシャドーイングしよう！

DL 140



1 We need **an ambulance**! There's been a **traffic** accident.
救急車が必要なんです！ 交通事故が発生しました。
＊ ambulance「救急車」

2 **What is** your current location please?
あなたの現在の場所はどちらですか？
＊ location「場所；所在」

3 I think someone is **trying to** break into my house. Please send the police!
だれかが家に押し入ろうとしているようなんです。警察を送ってください！
＊ break into ...「…に押し入る」

4 My son has collapsed **and doesn't** seem to be breathing!
息子が倒れて呼吸をしていないようなんです！
＊ collapse「倒れる；卒倒する」

5 I'd **like to** report a stolen vehicle.
自動車が盗まれました。
＊ report「報告する」

6 I just saw a man coming **out of the** bank **with a** gun!
たったいま銃を持った男が銀行から出てくるのを見ました！

7 The police **will be** there momentarily. Stay calm.
まもなく警察が到着します。落ち着いてください。
＊ momentarily「じきに；まもなく」

8 I'm sending help **right away**. Everything is **going to** be alright.
救助をすぐに送りますから、なにも問題はありませんよ。

Chapter

# 03

# 友人・同僚との
# リアルな
# 日常英会話

Unit

36 ファッションについての会話 Talking About Fashion

37 旅の感想についての会話 Impressions of a Trip

38 スポーツについての会話 Talking About Sports

39 趣味についての会話 Talking About Hobbies/Interests

40 書籍についての会話 Book Review

41 映画についての会話 Movie Review

42 携帯電話についての会話 Talking About Smart Phones

43 季節についての会話 Talking About the Seasons

44 ボランティアについての会話 Talking About Volunteer Work

45 故郷についての会話 Hometown Talk

46 人物についての会話 People

47 消息についての会話 Long Time No See

48 子供についての会話 Talking About the Kids

49 婚約した人との会話 Significant Others

50 仲直りするときの会話 Making Up

Unit

# 36 ファッションについての会話

Step 1～4に沿って学習し、「英語の口」を鍛えよう！

## Step 1-3 センテンス・シャドーイング

Step 1 下のスクリプトを見て、音声を聞きながら、各センテンスを理解してみよう！ そのときに、**文法や語いの解説**を読んで理解を深めよう！ DL 141

Step 2 **スロー・スピード**で各センテンスをシャドーイングしよう！ DL 141

Step 3 **ナチュラル・スピード**で各センテンスをシャドーイングしよう！ DL 142

（M=Male, F=Female）

M: Hi Mary. You look fantastic today! I really like **that dress**.
やあ、メアリー。今日はすてきだね！ そのドレスすごくいいね。

語い fantastic「すばらしい；すてきな」
発音 that dress からは［ t ］音が脱落する。

F: Thanks John. You're the third person who's complimented me **on it** today.
ありがとう、ジョン。あなたは今日服をほめてくれた３人目の人よ。

文法 ... who's complimented me「私をほめてくれた…」who は関係代名詞の主格。who'sはwho hasの省略。
語い third「３番目の」compliment A on B「BについてAをほめる」
発音 on it はつながって［オニッ(ト)］と発音される。

M: Those earrings match it **perfectly** too. **Did you** buy them together?
そのイヤリングも完璧にマッチしてるよ。いっしょに買ったの？

語い match「合う；ぴったりくる」perfectly「完璧に」
発音 perfectly からは［ t ］音が脱落することがある。Did you はつながって［ディッジュー］のように発音。

F: You're **not going to** believe it, **but I** got this dress **at a** discount store at half price!
信じないと思うけど、このドレスはディスカウント・ショップで半額で買ったのよ！

文法 ... but ...「…だが…」but は逆接の接続詞。
語い discount store「安売り店」half price「半値」
発音 not going to は［ナッ__ゴウイン__トゥー］あるいは［ナッゴナ］

と発音される。but I や at a はつながって跳ね［バッダ［ラ］イ］［アッダ［ラ］］のように発音。

M: And the earrings? **Did you** get them there too?
で、イヤリングも？ そこで買ったの？
発音 Did you はつながって［ディッジュー］のように発音。

F: **Actually**, my friend gave me these as a birthday present and they **happened to** match the dress **perfectly**!
実はね、友達が誕生日のプレゼントにくれたのよ。で、偶然ドレスに完璧に合ったの。
文法 happened to ...「たまたま…した」不定詞の名詞的用法。
語い actually「実は」as ...「…として」
発音 Actually からは［ t ］音が抜け［アクシュァリー］のような発音になる場合がある。happened to は［ d ］音が脱落。perfectly からは［ t ］音が脱落することがある。

M: You're lucky! I have **at least** ten ties in the closet I got as gifts **but** never wear!
ラッキーだね！ プレゼントでもらったネクタイで全然着けないやつが、少なくとも10本はクローゼットに入ってるよ。
文法 ... (that) I got as gifts「ギフトとして手に入れた」関係代名詞の目的格 that の省略。
語い tie「ネクタイ」closet「クローゼット；収納室」wear「着る；身に着ける」
発音 at least からは［ t ］音が脱落し［アッ__リース（ト）］と発音されることがある。but の［ t ］音が脱落することがある。

F: Well, the ones you do wear always look **great on** you.
ふーん、あなたがしてるネクタイはいつもすてきだよ。
文法 the ones you do wear「あなたが着けているネクタイ」you do wear は関係代名詞節。
語い look great on ...「…にすごく似合う」
発音 great on はつながって跳ね［グレイド［ロ］ン］のように発音。

## Step 4 | ダイアローグ・シャドーイング

**ナチュラル・スピードの音声**でダイアローグをシャドーイングしよう！
女性パートのみのシャドーイング ▶ 男性パートのみのシャドーイング ▶ ダイアローグすべてのシャドーイングの順に練習しよう。 DL 143

M: Hi Mary. You look fantastic today! I really like **that dress**.

F: Thanks John. You're the third person who's complimented me **on it** today.

M: Those earrings match it **perfectly** too. **Did you** buy them together?

F: You're **not going to** believe it, **but I** got this dress **at a** discount store at half price!

M: And the earrings? **Did you** get them there too?

F: **Actually**, my friend gave me these as a birthday present and they **happened to** match the dress **perfectly**!

M: You're lucky! I have **at least** ten ties in the closet I got as gifts **but** never wear!

F: Well, the ones you do wear always look **great on** you.

M: やあ、メアリー。今日はすてきだね！ そのドレスすごくいいね。

F: ありがとう、ジョン。あなたは今日服をほめてくれた３人目の人よ。

M: そのイヤリングも完璧にマッチしてるよ。いっしょに買ったの？

F: 信じないと思うけど、このドレスはディスカウント・ショップで半額で買ったのよ！

M: で、イヤリングも？ そこで買ったの？

F: 実はね、友達が誕生日のプレゼントにくれたのよ。で、偶然ドレスに完璧に合ったの。

M: ラッキーだね！ プレゼントでもらったネクタイで全然着けないやつが、少なくとも10本はクローゼットに入ってるよ。

F: ふーん、あなたがしてるネクタイはいつもすてきだよ。

## ＋α・シャドーイング

音声変化していて発音に特徴があるところを太字にしています。太字の部分の発音に注意して、**関連表現をナチュラル・スピード**でシャドーイングしよう！

DL 144

1 **That outfit** really suits you well. **Did you** just **get it**?
その服とてもよく似合ってるね。買ったばっかりなの？

2 I really like **that jacket on** you. You look sharp.
あなたの着てるジャケットすてきね。カッコいいよ。
＊ sharp「カッコいい；すてきな」

3 Is **that a** new watch? **It looks** expensive!
それって新しい時計？ 高そうだね！

4 Everyone always compliments me **on it, but it** wasn't expensive or anything.
いつもみんなにこれをほめられるんだけど、高くもなかったし、なんでもないものなのよ。
＊ expensive「高価な」

5 If I **told you** what I paid for it, you **wouldn't** believe it!
それにいくら支払ったか教えても、信じてもらえないと思うな！
＊ pay for ...「…に支払う」

6 That's a nice suit! Where **did you find it**?
それ、いいスーツだよね！ どこで見つけたの？

7 I see you **got a** new haircut! **It looks** great!
髪型を変えたのね！ すごくいいわよ！

8 I love the way you're wearing your hair. **It makes you** look a **lot** younger!
あなたの髪型大好き。すごく若く見えるよ！

Unit

# 37 旅の感想についての会話

Step 1～4に沿って学習し、「英語の口」を鍛えよう！

## Step 1-3 センテンス・シャドーイング

Step 1 下のスクリプトを見て、音声を聞きながら、各センテンスを理解してみよう！ そのときに、**文法や語いの解説**を読んで理解を深めよう！ DL 145

Step 2 **スロー・スピード**で各センテンスをシャドーイングしよう！ DL 145

Step 3 **ナチュラル・スピード**で各センテンスをシャドーイングしよう！ DL 146

（M=Male, F=Female）

M: You were just **on a** business trip to Japan, right? How **was it**?
君、日本に出張していたんだよね？ どうだった？

語い business trip「出張旅行」
発音 on a は音がつながって［オナ］のように発音。was it も音が連結し［ワズィッ(ト)］となる。

F: **It was** fantastic. We were in Tokyo for three nights **and** four days.
すばらしかったわよ。東京に3泊4日したの。

語い fantastic「すばらしい」
発音 It was からは［ t ］音が抜け［イッ_ワズ］と発音されやすい。and からは［ d ］音が脱落することがある。

M: I hear the view of the skyline **at night is** spectacular.
夜空に浮かぶ街並みが壮観だって聞いたけど。

文法 I hear (that) ...「…と聞いている」that 以下は名詞節。
語い skyline「空に浮かぶ街並みのライン」spectacular「壮観な」
発音 at night の at からは［ t ］音が脱落。night is はつながって跳ね［ナイディ[リ］ズ］のように発音されることがある。

F: It sure is. Another impressive thing was the **mixture** of old **and** modern **architecture**.
そのとおりよ。古い建築と新しい建築の融合も印象的な点ね。

文法 sure「確かに」強調の副詞。be 動詞を強めている。
語い impressive「印象的な」 mixture「混合；混じり合い」

architecture「建築」

発音 mixture や architecture は［ミクスシャー］［アーキテクシャー］のように［ t ］音が抜ける場合がある。and は［ d ］音が脱落することがある。

M: **Did you get to** do any sightseeing when you were there?

東京では、観光する機会はあったの？

文法 get to ...「…する機会がある」不定詞の名詞的用法。

語い sightseeing「観光」

発音 Did you はつながって変化し［ディッジュー］のように発音。get から［ t ］音が脱落しやすい。

F: We **went to** Ginza and Akihabara, two of the main shopping districts, **and to** an ancient temple.

銀座と秋葉原に行ったの。どちらも大規模なショッピング・エリアよ。それと、古いお寺にもね。

文法 Ginza and Akihabara, two ... districts カンマの前後は同格。

語い district「地域；区域」ancient「大昔の；古代の」

発音 went to の went からは［ t ］音が脱落しやすい。and to の and からは［ d ］音が脱落する。

M: I've always **wanted to** go there someday.

日本へはいつか行きたいってずっと思ってるんだよね。

文法 have always wanted to ...「ずっと…したいと思っている」現在完了形の継続用法。

語い someday「いつか」

発音 wanted to から［ d ］音が脱落する。［ t ］音まで抜けると［ワニッ＿トゥー］という発音になる。

F: I definitely recommend it. I **can't wait** to go back.

絶対におすすめよ。次の機会が待ちきれないわ。

文法 can't wait to ...「…することが待ちきれない」不定詞の名詞的用法。

語い definitely「絶対に」recommend「推薦する」

発音 can't wait の［ t ］音は脱落しやすい。

## Step 4 ダイアローグ・シャドーイング

**ナチュラル・スピードの音声**でダイアローグをシャドーイングしよう！
女性パートのみのシャドーイング ▶ 男性パートのみのシャドーイング ▶ ダイアローグすべてのシャドーイングの順に練習しよう。 DL 147

M: You were just **on a** business trip to Japan, right? How **was it**?

F: **It was** fantastic. We were in Tokyo for three nights **and** four days.

M: I hear the view of the skyline **at night is** spectacular.

F: It sure is. Another impressive thing was the **mixture** of old **and** modern **architecture**.

M: **Did you get to** do any sightseeing when you were there?

F: We **went to** Ginza and Akihabara, two of the main shopping districts, **and to** an ancient temple.

M: I've always **wanted to** go there someday.

F: I definitely recommend it. I **can't wait** to go back.

M: 君、日本に出張していたんだよね？ どうだった？

F: すばらしかったわよ。東京に3泊4日したの。

M: 夜空に浮かぶ街並みが壮観だって聞いたけど。

F: そのとおりよ。古い建築と新しい建築の融合も印象的な点ね。

M: 東京では、観光する機会はあったの？

F: 銀座と秋葉原に行ったの。どちらも大規模なショッピング・エリアよ。それと、古いお寺にもね。

M: 日本へはいつか行きたいってずっと思ってるんだよね。

F: 絶対におすすめよ。次の機会が待ちきれないわ。

## ＋α・シャドーイング

音声変化していて発音に特徴があるところを太字にしています。太字の部分の発音に注意して、**関連表現をナチュラル・スピード**でシャドーイングしよう！

DL 148

1 How **was your** trip? Did you have a **good time**?
旅行はどうだった？ 楽しかったの？

2 **It** was a **lot of** fun. We stayed there for two weeks.
とても楽しかったよ。2週間滞在したの。

3 What **did you** think about New York **City**? **Was it what you** expected?
ニューヨークはどうだった？ 期待どおりだったの？
＊ expect「期待する」

4 I've never seen anything **like it**. **It** was way **better** than I thought.
あんな（すばらしい）ところは見たことがないわ。思っていたよりもはるかによかったわ。
＊ it は、すでに言及されている街などを指す。

5 I really enjoyed the scenery, **but I didn't like** the food there too much.
景色はすごく楽しんだけど、食べ物はあまり好きになれなかった。
＊ scenery「風景；景色」

6 The people there were very kind **and** hospitable. I made several new friends while I was there.
向こうの人はとても親切で、よくしてくれたの。滞在中に新しい友人が何人かできたのよ。
＊ hospitable「歓待する；手厚くもてなす」

7 We had **beautiful** weather the whole time we were there.
そこにいる間、ずっといいお天気だったの。
＊ the whole time「ずっと」

8 We spent more than we **wanted to** on the trip, **but it was** worth it.
旅行では、望んでたのよりずっと出費しちゃった。でもその価値はあったわよ。
＊ worth「価値がある；値する」

Unit

# 38 スポーツについての会話

Step 1～4に沿って学習し、「英語の口」を鍛えよう！

## Step 1-3 センテンス・シャドーイング

Step 1 下のスクリプトを見て、音声を聞きながら、各センテンスを理解してみよう！ そのときに、**文法や語いの解説**を読んで理解を深めよう！ DL 149

Step 2 **スロー・スピード**で各センテンスをシャドーイングしよう！ DL 149

Step 3 **ナチュラル・スピード**で各センテンスをシャドーイングしよう！ DL 150

（M=Male, F=Female）

M: You like baseball, right? **Did you** see the Braves game last night?
野球が好きなんだよね？ 昨夜のブレーブスの試合は観た？

語い game「試合」
発音 Did you は音が混じり合って変化し［ディッジュー］のように発音。

F: I only watched the first half, **then I** fell asleep.
前半しか観なかったの。で、眠っちゃった。

文法 I fell asleep.「眠ってしまった」SVCの文型で状態の変化を表す。
語い first half「前半」「後半」は second half と表現できる。
発音 then I は音がつながって［ゼナイ］のように発音されることがある。

M: Wow. You missed a **great** game. They won in extra innings.
へえ、君はすばらしい試合を見逃したね。ブレーブスが延長戦で勝利したんだよ。

語い miss「逃す」extra inning「延長回」
発音 great からは［t］音が脱落することがある。

F: They've won six games **in a** row now, right? What's their record?
じゃあ、もう6連勝よね？ ブレーブスの記録はどうなの？

文法 have won「勝ってきている」現在完了形。
語い in a row「連続して」record「記録」
発音 in a は音がつながって［イナ］のように発音。

M: They are six **and** one. The only game they lost was the season opener.
6勝1敗だよ。シーズン最初の試合だけ落としたんだ。

文法 game (that) they lost「彼らが負けた試合」関係代名詞の目的格の省略。

語い season opener「シーズン初戦」

発音 and からは［ d ］音が脱落しやすい。

F: Do you think they have a chance to go **all the** way this year?

今年、ブレーブスが優勝するチャンスはあると思う？

文法 chance to ...「…するチャンス」不定詞の形容詞的用法。

語い go all the way「優勝する；リーグのチャンピオンになる」

発音 all the は弱まって［オー(ぅ) ザ］のように発音されることがある。

M: It's too early to tell, **but they** are **certainly** playing well.

まだ判断するには早すぎるよ。でも、かなりいいプレーをしているよね。

文法 too early to tell「まだ時期が早く判断できない」too ... to ... の構文。

語い certainly「確かに」

発音 but they からは［ t ］音が脱落。certainly は［スーんンリー］のような発音に変化することがある（声門閉鎖音化）。

F: **Last year** I was really disappointed **when they** lost in the playoffs.

去年、プレーオフで負けたときには、すごくがっかりしたのよ。

文法 be disappointed「がっかりさせられる」受動態。

語い lose「負ける」playoffs「プレーオフ」

発音 last year は混じり合ってつながり［ラスチャー］のように発音されることがある。when they も混じり合ってつながり［ウェネイ］のような発音になる場合がある。

M: Tell me **about it**. I was sure that was our year to **win it all**.

そのとおりだよね。去年こそ確実に優勝できると思ってたんだよ。

語い Tell me about it.「そのとおり」直訳と実際の意味が大きく隔たっているので注意。win it all「優勝する；リーグのチャンピオンになる」

発音 about it はつながって跳ね［アバウディ[リ]ッ(ト)］のように発音。win it all はつながって一部が跳ね［ウィニッド［ロ］―ゥ］のように発音される場合がある。

## Step 4 | ダイアローグ・シャドーイング

**ナチュラル・スピードの音声**でダイアローグをシャドーイングしよう！
女性パートのみのシャドーイング ▶ 男性パートのみのシャドーイング ▶ ダイアローグすべてのシャドーイングの順に練習しよう。 DL 151

M: You like baseball, right? **Did you** see the Braves game last night?
F: I only watched the first half, **then I** fell asleep.
M: Wow. You missed a **great** game. They won in extra innings.
F: They've won six games **in a** row now, right? What's their record?
M: They are six **and** one. The only game they lost was the season opener.
F: Do you think they have a chance to go **all the** way this year?
M: It's too early to tell, **but they** are **certainly** playing well.
F: **Last year** I was really disappointed **when they** lost in the playoffs.
M: Tell me **about it**. I was sure that was our year to **win it all**.

M: 野球が好きなんだよね？ 昨夜のブレーブスの試合は観た？
F: 前半しか観なかったの。で、眠っちゃった。
M: へえ、君はすばらしい試合を見逃したね。ブレーブスが延長戦で勝利したんだよ。
F: じゃあ、もう6連勝よね？ ブレーブスの記録はどうなの？
M: 6勝1敗だよ。シーズン最初の試合だけ落としたんだ。
F: 今年、ブレーブスが優勝するチャンスはあると思う？
M: まだ判断するには早すぎるよ。でも、かなりいいプレーをしているよね。
F: 去年、プレーオフで負けたときには、すごくがっかりしたのよ。
M: そのとおりだよね。去年こそ確実に優勝できると思ってたんだよ。

## ＋α・シャドーイング

音声変化していて発音に特徴があるところを太字にしています。太字の部分の発音に注意して、**関連表現をナチュラル・スピード**でシャドーイングしよう！

DL 152

1 I like to watch sports on TV, **but I don't** have a favorite team.
スポーツをテレビで観るのは好きだけど、好きなチームはないんですよ。

2 I'm a huge baseball fan. I buy season tickets every year.
すごい野球ファンなんです。毎年シーズン・チケットを買うんです。

3 I **like to** play sports, **but I can't** stand watching them on TV.
スポーツをするのが好きなんですが、テレビで観るのはいやなんです。

4 I played football **when I** was in high school, **but I don't** follow the pros.
高校ではアメフトをやっていましたが、プロのアメフトには詳しくないんです。
＊ follow「詳しく知る」

5 The Yankees are **undefeated this year**. I think they're **going to** win the World Series.
ヤンキースは今年は負け知らずね。ワールド・シリーズに優勝すると思うな。
＊ undefeated「負け知らずの」

6 I **haven't been** to a baseball game in a long time. We should go sometime.
長いこと野球の試合には行ってないの。そのうち行かないとね。

7 That new Japanese pitcher the Braves acquired is fantastic!
ブレーブスが獲得した新しい日本人ピッチャーはすばらしいね！

8 I'm originally from Cleveland so I am **an Indians** fan.
もともとクリーブランドの出身だから、インディアンズのファンなんです。

Unit

# 39 趣味についての会話

Step 1〜4に沿って学習し、「英語の口」を鍛えよう！

## Step 1-3 センテンス・シャドーイング

Step 1 下のスクリプトを見て、音声を聞きながら、各センテンスを理解してみよう！ そのときに、**文法や語いの解説**を読んで理解を深めよう！ DL 153

Step 2 **スロー・スピード**で各センテンスをシャドーイングしよう！ DL 153

Step 3 **ナチュラル・スピード**で各センテンスをシャドーイングしよう！ DL 154

（M=Male, F=Female）

M: **What** do you **like to** do in your free time?
暇なときにはなにをするのが好きなの？

語い free time「自由な時間；暇なとき」
発音 What の［t］音は脱落しやすい。like to の［k］音も同様。

F: I love the outdoors. Camping, fishing, hiking. Anything **having to** do with nature.
アウトドアが好きなの。キャンプや釣り、ハイキングとか。自然と関係のあることならなんでも。

文法 having to do with nature「自然と関係をもっている」分詞。直前の anything を修飾。
発音 having to からは［g］音が脱落する傾向にある。

M: Me too! I love to go hiking. How often do you usually go?
僕もだよ！ ハイキングに行くのが好きなんだ。君はどのくらいの頻度で行くの？

語い how often「どのくらいの頻度で」usually「たいてい」

F: In the summertime I **try to** go every weekend, **but it** depends on the weather, of course.
夏には毎週末行くようにしてるけど、もちろんお天気にもよるわね。

文法 try to ...「…しようと試みる」不定詞の名詞的用法。
語い depend on ...「…による」weather「天候」
発音 try to や but it は音が跳ね［トゥライドゥ[ル]—］［バディ[リ]ッ(ト)］のように発音することがある。

# Talking About Hobbies/Interests

M: Have you ever done any **mountain** climbing?
山登りはしたことあるの？

文法 Have you ever done ...?「…をしたことがありますか？」現在完了形の経験用法。

語い mountain climbing「山登り」

発音 mountain は［マウンんン］のような音に変化する（声門閉鎖音化）。

F: No, I haven't. I've always **wanted to** try it though.
ないわ。でも、ずっとやってみたいと思ってたの。

語い always「いつも；ずっと」try「試す；試みる」

発音 wanted to は［ワンティッ_トゥー］または［ワニッ_トゥー］という発音になる。

M: I'm a member of a club that meets monthly. **Would you like to** come next month?
僕は月に一度集まるクラブのメンバーなんだよ。来月、来てみたいかい？

文法 club that meets monthly「毎月集まるクラブ」that は関係代名詞の主格。

発音 Would you は混じり合ってつながり［ウッジュー］のように発音される。like to からは［ k ］音が脱落しやすい。

F: **I'd love** to! **Just let** me know where and when **and I'll be** there!
ぜひ行きたいわ！場所と日取りを教えてくれたら、絶対に行くから！

文法 I'd love to!「そうしたいです！」would はていねい。

語い let someone know「…に知らせる」

発音 I'd love からは［ d ］音が脱落する場合がある。また Just let からは［ t ］音がなくなることがある。and I'll be は［ d ］音が抜け、全体に［アン_アイゥビ］のように弱まる。

## Step 4 ダイアローグ・シャドーイング

**ナチュラル・スピードの音声**でダイアローグをシャドーイングしよう！
女性パートのみのシャドーイング ▶ 男性パートのみのシャドーイング ▶ ダイアローグすべてのシャドーイングの順に練習しよう。DL 155

M: **What** do you **like to** do in your free time?

F: I love the outdoors. Camping, fishing, hiking. Anything **having to** do with nature.

M: Me too! I love to go hiking. How often do you usually go?

F: In the summertime I **try to** go every weekend, **but it** depends on the weather, of course.

M: Have you ever done any **mountain** climbing?

F: No, I haven't. I've always **wanted to** try it though.

M: I'm a member of a club that meets monthly. **Would you like to** come next month?

F: **I'd love** to! **Just let** me know where and when **and I'll be** there!

M: 暇なときにはなにをするのが好きなの？

F: アウトドアが好きなの。キャンプや釣り、ハイキングとか。自然と関係のあることならなんでも。

M: 僕もだよ！ ハイキングに行くのが好きなんだ。君はどのくらいの頻度で行くの？

F: 夏には毎週末行くようにしてるけど、もちろんお天気にもよるわね。

M: 山登りはしたことあるの？

F: ないわ。でも、ずっとやってみたいと思ってたの。

M: 僕は月に一度集まるクラブのメンバーなんだよ。来月、来てみたいかい？

F: ぜひ行きたいわ！ 場所と日取りを教えてくれたら、絶対に行くから！

# ＋α・シャドーイング

音声変化していて発音に特徴があるところを太字にしています。太字の部分の発音に注意して、**関連表現をナチュラル・スピード**でシャドーイングしよう！

DL 156

1 **What** do you do when you're **not** working?
仕事をしてないときは、なにをしているの？

2 I'm a movie buff. I go **and** see almost every new movie **that** comes out.
私は熱狂的な映画ファンなのよ。封切りになる新作映画のほとんど全部を観にいってる。
＊ buff「熱狂的なファン」

3 I like to **travel**. I have been to ten different **countries** so far.
旅行が好きなんだ。これまでに10カ国に行ったことがあるよ。

4 I'm a coin collector. I have been **doing it** since I was in high school.
コイン収集をしてるの。高校生の頃からやってるわ。

5 I'm a golf nut. When I'm **not at** work I am usually **at the** range.
大のゴルフ好きなの。仕事してないときは、いつも練習場にいるわ。
＊ range「（ゴルフの）ショットの練習場」

6 I'm **not much of** an outdoors person. I usually spend my free time reading.
あまりアウトドアは好きじゃないんだ。自由な時間はたいてい読書してるの。

7 I love to cook. I go to **cooking class** twice a week.
料理が好きなの。週に2回料理教室に通ってるの。

8 I'm a huge **fan of** live music. I go to concerts whenever I can.
ライヴで音楽を聴くのが大好き。行けるときはいつでもコンサートに行ってる。

Unit
# 40 書籍についての会話

Step 1～4 に沿って学習し、「英語の口」を鍛えよう！

## Step 1-3 センテンス・シャドーイング

Step 1 下のスクリプトを見て、音声を聞きながら、各センテンスを理解してみよう！ そのときに、**文法や語いの解説**を読んで理解を深めよう！ DL 157

Step 2 **スロー・スピード**で各センテンスをシャドーイングしよう！ DL 157

Step 3 **ナチュラル・スピード**で各センテンスをシャドーイングしよう！ DL 158

（M=Male, F=Female）

F: **What are you** reading? **It looks** interesting.
なにを読んでるの？ おもしろそうね。

文法 It looks interesting.「それはおもしろそうに見える」SVCの文型。It ＝ interesting の関係が成り立つ。

発音 What are you はつながって跳ねたり、短く発音されることで［ワッダ［ラ］ユ］のように変化する場合がある。It looks からは［ t ］音が脱落しやすい。

M: It's the new **publication of** "The Lord of the Rings," by J. R. R. Tolkien.
J. R. R. トールキンの『ロード・オブ・ザ・リング』の新刊だよ。

語い new publication「新刊」

発音 publication of は音がつながって［パブリケイシャナヴ］のように発音されることがある。

F: **Is it** good? I've seen the movies **but never** read the books.
おもしろいの？ 映画は観たけど、本は読んだことないわ。

文法 I've seen ... but never read ...「…を観たことがあるが、…は読んだことはない」現在完了形の経験用法。have に2つの動詞 seen と read がつながっている。

発音 Is it や but never から［ t ］音が脱落することがある。

M: The movies are good, **but the** books are way **better**!
映画はいいね。でも、本のほうがはるかにいいよ！

文法 better「よりよい」形容詞 good の比較級。

語い way「はるかに」
発音 but the からは［ t ］音が脱落。better は音が跳ね［ベダ［ラ］ー］のような発音になることがある。

F: How many books are there in the series?
シリーズには何巻あるの？

文法 are there「あるのですか」存在を表す there are の疑問形。
語い in the series「シリーズの中には」

M: There are five total, **but most** people **haven't read** the fifth one called "The Silmarillion."
全部で5巻だけど、ほとんどの人は第5巻の『シルマリルの物語』は読んでないよ。

文法 called "The Silmarillion"「シルマリルの物語と呼ばれている」過去分詞のフレーズが直前の the fifth one「5番目の作品」を説明している。
語い total「【口語】合計で」
発音 but most や haven't read からは［ t ］音が脱落する場合がある。

F: **Would you** mind if I borrow them from you? I would love to read them.
本を貸してもらってもいいかな？ 読んでみたいわ。

文法 I would love to ...「…したいのです」would はていねい。
語い mind「いやだと思う；気にする」borrow「借りる」
発音 Would you は音が混じり合ってつながり［ウッジュー］のように発音。

M: Sure. **Just promise** me you'll **return them** to me when you're finished.
もちろん。読み終わったら返すって約束してくれればね。

文法 promise me (that) ...「…することを私に約束する」that 以下は名詞節。
when ...「…のとき」時間を表す接続詞。
語い return「返却する」be finished「終える」
発音 Just promise からは［ t ］音が脱落しやすい。return them は音が混じり合ってつながり［リターネム］という発音に変化することがある。

## Step 4 | ダイアローグ・シャドーイング

**ナチュラル・スピードの音声**でダイアローグをシャドーイングしよう！
女性パートのみのシャドーイング ▶ 男性パートのみのシャドーイング ▶ ダイアローグすべてのシャドーイングの順に練習しよう。 DL 159

F: **What are you** reading? **It looks** interesting.

M: It's the new **publication of** "The Lord of the Rings," by J. R. R. Tolkien.

F: **Is it** good? I've seen the movies **but never** read the books.

M: The movies are good, **but the** books are way **better**!

F: How many books are there in the series?

M: There are five total, **but most** people **haven't read** the fifth one called "The Silmarillion."

F: **Would you** mind if I borrow them from you? I would love to read them.

M: Sure. **Just promise** me you'll **return them** to me when you're finished.

F: なにを読んでるの？ おもしろそうね。

M: J. R. R. トールキンの『ロード・オブ・ザ・リング』の新刊だよ。

F: おもしろいの？ 映画は観たけど、本は読んだことないわ。

M: 映画はいいね。でも、本のほうがはるかにいいよ！

F: シリーズには何巻あるの？

M: 全部で５巻だけど、ほとんどの人は第５巻の『シルマリルの物語』は読んでないよ。

F: 本を貸してもらってもいいかな？ 読んでみたいわ。

M: もちろん。読み終わったら返すって約束してくれればね。

## ＋α・シャドーイング

音声変化していて発音に特徴があるところを太字にしています。太字の部分の発音に注意して、**関連表現をナチュラル・スピード**でシャドーイングしよう！

DL 160

1 I'm **looking for** a good book to read. Do you have any recommendations?
読むのにいい本を探しているの。なにかおすすめはない？
＊ recommendation「おすすめ；推薦」

2 Have you read the newest novel **out by** Stephen King?
スティーヴン・キングが出したいちばん新しい小説は読んだの？

3 I need **something to** read on the **train** ride to work.
職場への電車通勤で読む本がなにか欲しいんだ。
＊ train ride「電車の乗車」

4 Do you think I **could borrow** that from you when you're done reading it?
それ、読み終わったら私に貸してもらえないかな？

5 I'll tell you what. I'll **let you** borrow one book a month.
こうしようか。月に１冊ずつ本を貸してあげるよ。
＊ I'll tell you what.「いい考えがある」

6 I'm sorry. I don't like loaning out books. I've lost too many **that way**.
ごめんね。本を貸すのは好きじゃないのよ。貸し出して帰ってこなかった本が多すぎてね。

7 This book has been the #1 **best seller** for the past three weeks.
この本は過去３週間ずっと、いちばんのベストセラーなんだよ。

8 Do you know if **that book** is available **as an audio**book?
その本がオーディオ・ブックになっているかどうか知ってたりする？

Unit

# 41 映画についての会話

Step 1～4に沿って学習し、「英語の口」を鍛えよう！

## Step 1-3 センテンス・シャドーイング

Step 1 下のスクリプトを見て、音声を聞きながら、各センテンスを理解してみよう！ そのときに、**文法や語いの解説**を読んで理解を深めよう！ DL 161

Step 2 **スロー・スピード**で各センテンスをシャドーイングしよう！ DL 161

Step 3 **ナチュラル・スピード**で各センテンスをシャドーイングしよう！ DL 162

（M=Male, F=Female）

M: I was **thinking about going to** see the new “Lord of the Rings” this weekend. **Want to** come?

今週末、新しい『ロード・オブ・ザ・リング』を観にいこうと思ってたんだ。君も行きたい？

文法 about going to see「見ることについて」going は動名詞。

語い Want to come? は Do you want to come with me? の省略。

発音 thinking about やgoing to からは［ g ］音が脱落しやすい。Want to は［ワン_トゥー］あるいは［ワナ］と発音されることがある。

F: **Actually**, I already saw it. I **went to** the opening night premiere.

実は、もう観ちゃったの。初日の夜の封切りを観たのよ。

語い actually「実は」already「すでに」premiere「初演；初日；封切り」

発音 Actually からは［ t ］音が脱落することがある。went to の went からも［ t ］音が脱落。

M: Really? **Did you** like it? I hear it’s **getting** rave reviews.

そうなの？ どうだった？ すごく評判がいいって聞いたよ。

文法 I hear (that) ...「…と聞いている」that 以下は名詞節。

語い rave review「激賞」

発音 Did you は音が混じり合ってつながり［ディッジュー］のように発音。getting は音が跳ね［ゲッディ[リ]ング］と発音される。

## Movie Review

F: It's by far the best one yet. The special effects were incredible!
これまでででは、断トツで最高よ。特殊効果は信じられないすばらしさだったわ！

文法 the best one「最高の映画」one は movie を繰り返さないために用いられている代名詞。

語い by far「はるかに；断然」incredible「信じられない；すばらしい」

M: My ten-year-old son wants to go see it. Do you think it's **suitable** for kids?
うちの10歳の息子が観たがってるんだよ。子供に向いていると思う？

語い go see ...「…を観にいく」suitable for ...「…に向いている」

発音 suitable は音が跳ね［スーダ［ラ］ブル］と発音される場合がある。

F: Well, **there is** some violence of course, **but I** think it's okay.
うーん、もちろん多少の暴力シーンはあるけど、大丈夫だと思うな。

文法 ... but ...「…だが…」逆接を表す。

語い violence「暴力」

発音 there is は［ゼァズ］あるいは［ゼァリズ］と発音。but I は音がつながって跳ね［バッダ［ラ］イ］となる。また、つながらずに but の［ t ］音が抜ける場合もある。

M: I'd like to watch it myself first to be sure. **Would you** be interested in **watching** it again?
確認したいから、まず自分で観ておきたいんだ。もう一度観る気はある？

語い to be sure「確認のため；念のため」be interested in ...「…に興味がある」

発音 Would you は音が混じりながらつながって［ウッジュー］のように発音。watching it は［ g ］が脱落してつながって［ワッチニッ(ト)］のように発音されることがある。

F: Sure!
もちろん！

## Step 4 ダイアローグ・シャドーイング

**ナチュラル・スピードの音声**でダイアローグをシャドーイングしよう！

女性パートのみのシャドーイング ▶ 男性パートのみのシャドーイング ▶ ダイアローグすべてのシャドーイングの順に練習しよう。 DL 163

M: I was **thinking about going to** see the new "Lord of the Rings" this weekend. **Want to** come?

F: **Actually**, I already saw it. I **went to** the opening night premiere.

M: Really? **Did you** like it? I hear it's **getting** rave reviews.

F: It's by far the best one yet. The special effects were incredible!

M: My ten-year-old son wants to go see it. Do you think it's **suitable** for kids?

F: Well, **there is** some violence of course, **but I** think it's okay.

M: I'd like to watch it myself first to be sure. **Would you** be interested in **watching it** again?

F: Sure!

M: 今週末、新しい『ロード・オブ・ザ・リング』を観にいこうと思ってたんだ。君も行きたい？

F: 実は、もう観ちゃったの。初日の夜の封切りを観たのよ。

M: そうなの？ どうだった？ すごく評判がいいって聞いたよ。

F: これまででは、断トツで最高よ。特殊効果は信じられないすばらしさだったわ！

M: うちの10歳の息子が観たがってるんだよ。子供に向いていると思う？

F: うーん、もちろん多少の暴力シーンはあるけど、大丈夫だと思うな。

M: 確認したいから、まず自分で観ておきたいんだ。もう一度観る気はある？

F: もちろん！

## ＋α・シャドーイング

音声変化していて発音に特徴があるところを太字にしています。太字の部分の発音に注意して、**関連表現をナチュラル・スピード**でシャドーイングしよう！

DL 164

1 I'm a huge Tom Cruise fan. I've seen every movie **he's been** in.
トム・クルーズの大ファンなの。彼の出ている映画は全部観たわ。

2 I was a **little** disappointed **actually**. **It wasn't** as good as the trailers made **it look**.
実は、ちょっとがっかりしたの。予告編で観たほどはおもしろくなかったわ。
＊ trailer「映画の予告編」

3 The movie is based on a **true** story. The acting is brilliant.
その映画は事実に基づいているの。演技がすばらしいのよ。

4 **It was** the best movie I've seen in a very long time.
長い間、あんなにいい映画は観てなかったわ。

5 I **don't** usually like sequels, **but this** one was even **better** than the original.
たいていの続編は好きじゃないんだけど、これはオリジナルよりもさらによかったわ。
＊ sequels「続編」

6 The action was fast-paced **and** the suspense was breathtaking.
アクションのテンポが速くて、サスペンスに息をのんだわ。
＊ suspense「（先がどうなるかという）緊張感」breathtaking「息をのむような」

7 I think **that** movie is a shoo-in to **win an Oscar**.
私は、あの映画がオスカーの本命だと思うわ。
＊ shoo-in「本命」

8 The newspapers all said it was the best comedy of the year, **but I** wasn't impressed.
どの新聞にも今年最高のコメディーって書いてあったけど、そんなにおもしろくなかったよ。

Unit
# 42 携帯電話についての会話

Step 1～4 に沿って学習し、「英語の口」を鍛えよう！

## Step 1-3 センテンス・シャドーイング

Step 1 下のスクリプトを見て、音声を聞きながら、各センテンスを理解してみよう！ そのときに、**文法や語いの解説**を読んで理解を深めよう！ DL 165

Step 2 **スロー・スピード**で各センテンスをシャドーイングしよう！ DL 165

Step 3 **ナチュラル・スピード**で各センテンスをシャドーイングしよう！ DL 166

(M=Male, F=Female)

M: Wow! Is **that the** new smartphone from Pine!?
へえ！ それってパイン社の新しいスマートフォン？

語い smartphone「スマートフォン；スマホ」
発音 that the の that からは末尾の［ t ］音が脱落しやすい。

F: It sure is. I just **bought it** yesterday. I **had to** stand in line for hours!
そのとおり。昨日、買ったばかりなの。何時間も列に並ばなきゃならなかったの！

文法 It sure is.「そのとおり」sure は強調の副詞。
had to ...「…しなければならなかった」have to ... の過去。
語い stand in line「行列に並ぶ」
発音 bought it はつながって跳ね［ボーディ[リ]ッ(ト)］のように発音。
had to からは［ d ］音が脱落しやすい。

M: I **heard the** high-definition screen was unbelievable!
高精細のスクリーンがすごいって聞いたよ！

文法 I heard (that) A was B「AがBだと聞いた」was は時制の一致で過去形になっている。
語い definition「解像度；精細度」unbelievable「信じられない（ほどすばらしい）」
発音 heard the からは［ d ］音が脱落する場合がある。

F: **It is**.
そうなの。

発音 It is. は［イッディ[リ] ズ］とつながって跳ねる場合がある。

## Talking About Smart Phones

M: How much **did you** have to pay for it? I'll **bet it wasn't** cheap.

いくら支払ったの？ 安かったはずはないよね。

文法 I'll bet (that) ...「きっと…だ」that 以下は名詞節。

語い pay for ...「…に支払う」cheap「安い」

発音 did you は音が混じり合ってつながり［ディッジュー］のように発音。bet や it, wasn't からは［ t ］音が脱落しやすい。bet it はつながって跳ね［ベッディ[リ]ット］と発音することもある。

F: I **got a** discount through my current wireless provider. **It only** cost me $299.

いま使っている無線のプロバイダーからディスカウントをもらったの。たったの299ドルだったわよ。

語い discount「値引き」wireless「無線の」provider「(インターネット) プロバイダー」cost someone「…にお金がかかる」

発音 got a はつながって跳ね［ガッダ［ラ］］のように発音。It only もつながって跳ね［イッド［ロ］ウンリー］と発音される場合がある。

M: That's a **great** deal. Maybe I'll **get** one too.

いい買い物をしたね。僕も買おうかなあ。

文法 one「ひとつ」ここでは smartphone のことを指す。

語い deal「取引」

発音 great や get からは［ t ］音が脱落しやすい。

F: **You had better** hurry. They are selling out fast.

急いだほうがいいよ。すぐに売り切れちゃうからね。

文法 had better ...「…したほうがいい」「…したほうがいい (さもないと)」という含み。

語い sell out「売り切れる」

発音 You had は You'd と短縮される場合がある。better は音が跳ね［ベダ［ラ]ー］のように発音。

## Step 4 ダイアローグ・シャドーイング

**ナチュラル・スピードの音声**でダイアローグをシャドーイングしよう！
女性パートのみのシャドーイング ▶ 男性パートのみのシャドーイング ▶ ダイアローグすべてのシャドーイングの順に練習しよう。 DL 167

M: Wow! Is **that the** new smartphone from Pine!?

F: It sure is. I just **bought it** yesterday. I **had to** stand in line for hours!

M: I **heard the** high-definition screen was unbelievable!

F: **It is.**

M: How much **did you** have to pay for it? I'll **bet it wasn't** cheap.

F: I **got a** discount through my current wireless provider. **It only** cost me $299.

M: That's a **great** deal. Maybe I'll **get** one too.

F: **You had better** hurry. They are selling out fast.

M: へえ！ それってパイン社の新しいスマートフォン？

F: そのとおり。昨日、買ったばかりなの。何時間も列に並ばなきゃならなかったの！

M: 高精細のスクリーンがすごいって聞いたよ！

F: そうなの。

M: いくら支払ったの？ 安かったはずはないよね。

F: いま使っている無線のプロバイダーからディスカウントをもらったの。たったの299ドルだったわよ。

M: いい買い物をしたね。僕も買おうかなあ。

F: 急いだほうがいいよ。すぐに売り切れちゃうからね。

## ＋α・シャドーイング

音声変化していて発音に特徴があるところを太字にしています。太字の部分の発音に注意して、**関連表現をナチュラル・スピード**でシャドーイングしよう！

DL 168

1 This phone has more features **than anyone** can use.
この電話には使い切れないほど多くの機能がついているの。
＊ more ... than anyone can use「だれもが使える以上の…」

2 Do you do your banking with your smartphone?
あなたは、スマホでネット・バンキングをしているの？

3 I am **going to** upgrade my phone next month.
来月電話を新しくするつもりなんですよ。
＊ upgrade「更新する」

4 I switched providers **last month and** have never been happier.
先月プロバイダーを変えたんだけど、最高だよ。
＊ have never been happier は「これ以上に幸せだったことはない」が直訳。

5 My cell-phone provider is raising their rates. I **don't** know **what to** do.
携帯会社が料金を値上げするのよ。どうすればいいの？
＊ rate「料金（の率）」

6 I hate the way **batteries** die so fast with smartphones.
スマホの電池がすぐ切れちゃうのがいやなんだよね。
＊ battery「電池；バッテリー」

7 Check **out** this new music app I **just** downloaded!
いまダウンロードしたこの新しい音楽アプリを見てよ！

8 I'm really bummed out. I just dropped my new smartphone **and cracked the** screen.
がっくり。新しいスマホを落として画面にひびが入っちゃったの。
＊ be bummed out「がっかりする」crack「割る；ひびを入れる」

Unit
# 43 季節についての会話

Step 1～4に沿って学習し、「英語の口」を鍛えよう！

## Step 1-3 センテンス・シャドーイング

Step 1 下のスクリプトを見て、音声を聞きながら、各センテンスを理解してみよう！ そのときに、**文法や語いの解説**を読んで理解を深めよう！ DL 169

Step 2 **スロー・スピード**で各センテンスをシャドーイングしよう！ DL 169

Step 3 **ナチュラル・スピード**で各センテンスをシャドーイングしよう！ DL 170

（M=Male, F=Female）

F: The autumn leaves are **beautiful, aren't** they?
紅葉が美しいわよね。

文法 ..., aren't they?「…だね；…だよね」付加疑問文。
語い autumn leaves「紅葉」
発音 beautiful は音が跳ね［ビューディ[リ] フゥ］のように発音。aren't は末尾の［ t ］音が脱落しやすい。

M: They sure are. **It** seems **that** fall is here early **this year**.
そうだねえ。ここには今年は秋が早くやってきたようだね。

文法 It seems that ...「…のようだ」that 以下は名詞節。
発音 it と that は末尾の［ t ］音が脱落しやすい。this year は音が混じり合ってつながり、［ズィシャー］のように発音されることがある。

F: **It** was a brutally **hot** summer. I'm glad it's **cooling** down finally.
ものすごい酷暑だったよね。やっと涼しくなってきてうれしいわ。

文法 I'm glad (that) ...「…でうれしい」that 以下は感情の原因を表す。
語い brutally「容赦なく」cool down「涼しくなる」finally「とうとう；やっと」
発音 It や hot, cooling からは末尾の［ t ］［ g ］音が抜けやすい。

M: I'm **not looking forward** to winter though. I **can't** stand the cold.
でも、僕は冬はあまり楽しみじゃないんだよね。寒さには耐えられないよ。

文法 look forward to ...「…を楽しみにする」to の後ろには名詞・名詞相当語句がくる。

語い stand「耐える；我慢する」cold「寒さ」
発音 not や looking, forward, can't からは末尾の［ｔ］［ｇ］［ｄ］音が脱落しやすい。

F: I'm with you there. I'd rather have sweltering heat than **bitter** cold.
その点は私も同じ。ものすごい寒さよりは、うだるような暑さのほうがいいわ。

語い there「そこは；それに関しては」I'd rather ...「…するほうがいい」sweltering「うだるような」bitter「つらい；厳しい」
発音 bitter は音が跳ね［ビダ［ラ］ー］と発音されることがある。

M: They say when the leaves change color early it's **going to** be a harsh **winter**.
葉が早く色づくと厳しい冬になるそうだよ。

語い They say ...「…だそうだ；…と言われている」change color「色を変える」harsh「厳しい」
発音 going to は［ゴウイン__トゥー］あるいは［ゴナ］のように発音。winter は［ｔ］音が抜け［ウィナー］と発音されることがある。

F: Well ... I guess all we can do is enjoy this nice weather while we **have it**.
そっか、私たちにできることは、いいお天気の間にそれを楽しむことだけだね。

文法 while ...「…の間に」期間を表す。
語い all we can do「私たちにできるすべてのこと」
発音 have it は音がつながって［ハヴィッ(ト)］のように発音。

M: Yep. Before you know it we'll be **right back** to complaining about spring showers!
うん。あっという間に、僕たちはまた春の雨に文句を言っていると思うよ！

語い before you know it「あっという間に」be back to ...「…に戻る」complain「不平・文句を言う」
発音 right と back からは、末尾の［ｔ］［ｋ］の音が脱落しやすい。

## Step 4 ダイアローグ・シャドーイング

**ナチュラル・スピードの音声**でダイアローグをシャドーイングしよう！
女性パートのみのシャドーイング ▶ 男性パートのみのシャドーイング ▶ ダイアローグすべてのシャドーイングの順に練習しよう。 DL 171

F: The autumn leaves are **beautiful, aren't** they?

M: They sure are. **It** seems **that** fall is here early **this year**.

F: **It** was a brutally **hot** summer. I'm glad it's **cooling** down finally.

M: I'm **not looking forward** to winter though. I **can't** stand the cold.

F: I'm with you there. I'd rather have sweltering heat than **bitter** cold.

M: They say when the leaves change color early it's **going to** be a harsh **winter**.

F: Well ... I guess all we can do is enjoy this nice weather while we **have it**.

M: Yep. Before you know it we'll be **right back** to complaining about spring showers!

F: 紅葉が美しいわよね。

M: そうだねえ。ここには今年は秋が早くやってきたようだね。

F: ものすごい酷暑だったよね。やっと涼しくなってきてうれしいわ。

M: でも、僕は冬はあまり楽しみじゃないんだよね。寒さには耐えられないよ。

F: その点は私も同じ。ものすごい寒さよりは、うだるような暑さのほうがいいわ。

M: 葉が早く色づくと厳しい冬になるそうだよ。

F: そっか、私たちにできることは、いいお天気の間にそれを楽しむことだけだね。

M: うん。あっという間に、僕たちはまた春の雨に文句を言っていると思うよ！

## ＋α・シャドーイング

音声変化していて発音に特徴があるところを太字にしています。太字の部分の発音に注意して、**関連表現をナチュラル・スピード**でシャドーイングしよう！

DL 172

1 We've **had a** very humid summer this year.
今年はとても蒸し暑い夏だったね。

2 I've always loved the changing of the seasons, **especially** spring.
季節の移り変わりが大好きなの。特に春がね。

3 Spring is my **favorite time of** year because everything comes to life.
すべてのものが生き生きとしてくるから、一年では春がお気に入りなの。
＊ come to life「生き生きとする」

4 I **don't** like spring because my allergies always act up.
必ずアレルギーが悪化するから春は嫌いなの。
＊ act up「調子が悪くなる；荒れる」

5 They say this was the **hottest** summer on record.
今年は記録上最高に暑い夏だったそうだよ。

6 **Autumn** is my favorite season. The air seems so crisp **and** fresh.
秋がお気に入りの季節なの。空気がとてもさわやかだからね。
＊ crisp「すがすがしい」

7 I **don't** think I could live somewhere that **didn't** have four seasons.
四季のない場所では、私は生活できそうにないわ。

8 **It's been a** cool, wet spring so far.
これまでのところ、涼しくて雨の多い春だよね。
＊ wet「雨の多い」

Unit

# 44 ボランティアについての会話

Step 1～4に沿って学習し、「英語の口」を鍛えよう！

## Step 1-3 センテンス・シャドーイング

Step 1 下のスクリプトを見て、音声を聞きながら、各センテンスを理解してみよう！ そのときに、**文法や語いの解説**を読んで理解を深めよう！ DL 173

Step 2 **スロー・スピード**で各センテンスをシャドーイングしよう！ DL 173

Step 3 **ナチュラル・スピード**で各センテンスをシャドーイングしよう！ DL 174

（M=Male, F=Female）

M: Hey, Mary. I **heard you** do volunteer work **at the** hospital on weekends.
やあ、メアリー。週末に病院でボランティアをやってるって聞いたけど。

文法 I heard (that) ...「…と聞いた」that 以下は名詞節。
語い volunteer work「ボランティアの仕事」on weekends「週末に」
発音 heard you は音が混じり合ってつながり［ハージュー］のように発音することがある。at the は［ t ］音が抜け［アッ＿ザ］と発音されることがある。

F: Yes, I do. I've been **doing it** for about two years now **and I** love it.
そうなの。もう2年くらいになるの。気に入ってるのよ。

文法 have been doing「ずっとやっている」現在完了進行形。
発音 doing it から［ g ］音が抜けてつながり［ドゥーイニッ(ト)］のように発音される場合がある。［ドゥーインギット］と音がつながることもある。and I からは［ d ］が抜けてつながり［アナイ］と発音されやすい。

M: **What** do you do there?
病院でなにをやってるの？

語い there「そこで」ここでは病院のことを指す。
発音 What の［ t ］音は脱落しやすい。

F: Lots of things. Most of the time we visit patients who **don't** get many visitors.
いろいろなことね。ほとんどは訪問者が少ない患者さんのところに顔を出してるの。

[文法] patients who don't get many visitors「訪問者の少ない患者」who は主格の関係代名詞。
[語い] most of ...「…のほとんど」patient「患者」
[発音] don't の［ t ］は脱落しやすい。

M: I'll **bet** they enjoy **having** someone to talk to. **What else** do you do?
話し相手ができて、きっとうれしいだろうね。ほかにはなにをするの？

[文法] someone to talk to「話をする相手」不定詞の形容詞的用法。
[語い] what else「ほかにはなにを」
[発音] bet や having からは末尾の破裂音が脱落しやすい。What else はつながって跳ね［ワッデ［レ］ウス］のように発音されることがある。

F: Sometimes we help the hospital with fundraisers **and charity** events to raise money.
ときどき、病院の募金集めのパーティーやチャリティー・イベントを手伝うわ。

[語い] fundraiser「募金のためのパーティー」raise money「資金・基金などを集める」
[発音] and の［ d ］音は脱落しやすい。charity は音が跳ね［チャリデ［リ］ィー］のように発音される場合がある。

M: **That** sounds like really rewarding work. I'd like to volunteer **some of** my time too.
とてもやりがいのある仕事みたいだね。僕も自分の時間をちょっとボランティアで使いたいな。

[語い] rewarding「やりがいのある；有益な」some of ...「…のうちのいくらか」
[発音] That からは［ t ］音が脱落しやすい。some of はつながって［サマヴ］あるいは［サマ__］のように発音される場合がある。

F: Anyone can do it. If you want, just come with me this **Saturday**!
だれにでもできるのよ。やりたければ、今度の土曜にいっしょにおいでよ！

[発音] Saturday は音が跳ね［サダ［ラ］デイ］のように発音されやすい。

## Step 4 ダイアローグ・シャドーイング

**ナチュラル・スピードの音声**でダイアローグをシャドーイングしよう！
女性パートのみのシャドーイング ▶ 男性パートのみのシャドーイング ▶ ダイアローグすべてのシャドーイングの順に練習しよう。 DL 175

M: Hey, Mary. I **heard you** do volunteer work **at the** hospital on weekends.
F: Yes, I do. I've been **doing it** for about two years now **and I** love it.
M: **What** do you do there?
F: Lots of things. Most of the time we visit patients who **don't** get many visitors.
M: I'll **bet** they enjoy **having** someone to talk to. **What else** do you do?
F: Sometimes we help the hospital with fundraisers **and charity** events to raise money.
M: **That** sounds like really rewarding work. I'd like to volunteer **some of** my time too.
F: Anyone can do it. If you want, just come with me this **Saturday**!

M: やあ、メアリー。週末に病院でボランティアをやってるって聞いたけど。
F: そうなの。もう2年くらいになるの。気に入ってるのよ。
M: 病院でなにをやってるの？
F: いろいろなことね。ほとんどは訪問者が少ない患者さんのところに顔を出してるの。
M: 話し相手ができて、きっとうれしいだろうね。ほかにはなにをするの？
F: ときどき、病院の募金集めのパーティーやチャリティー・イベントを手伝うわ。
M: とてもやりがいのある仕事みたいだね。僕も自分の時間をちょっとボランティアで使いたいな。
F: だれにでもできるのよ。やりたければ、今度の土曜にいっしょにおいでよ！

## ＋α・シャドーイング

音声変化していて発音に特徴があるところを太字にしています。太字の部分の発音に注意して、**関連表現をナチュラル・スピード**でシャドーイングしよう！

DL 176

1 How many hours a week do you volunteer?
1週間にどのくらいの時間をボランティアに使ってるの？

2 Do you **get any** compensation **as a** volunteer worker?
ボランティア・ワーカーとして報酬はもらっているの？
＊ compensation「報酬」

3 I volunteer **at a** senior citizens' home twice a month.
高齢者のホームで月に2回ボランティアをしているの。

4 We are **looking** for volunteers to help **with the** children's soccer camp.
子供たちのサッカー・キャンプの手伝いをしてくれるボランティアを探しているの。

5 My brother works as a volunteer **firefighter**.
私の兄はボランティアの消防士として働いています。

6 Do you **get paid** to be a volunteer?
ボランティアになることでお金はもらっているの？
＊ get paid「お金を支払われる」

7 What **made you decide to** volunteer your time like that?
どうして、そんなふうに自分の時間をボランティアで使おうと思ったの？

8 I'd like to be a volunteer **but I** am too busy with work.
ボランティアをやりたいんだけど、仕事が忙しすぎて。

Unit
# 45 故郷についての会話

Step 1～4に沿って学習し、「英語の口」を鍛えよう！

## Step 1-3 センテンス・シャドーイング

Step 1 下のスクリプトを見て、音声を聞きながら、各センテンスを理解してみよう！ そのときに、**文法や語いの解説**を読んで理解を深めよう！ DL 177

Step 2 **スロー・スピード**で各センテンスをシャドーイングしよう！ DL 177

Step 3 **ナチュラル・スピード**で各センテンスをシャドーイングしよう！ DL 178

（M=Male, F=Female）

F: So where are you from? Were you born here in New York City?
で、あなたはどちらのご出身なの？ このニューヨーク市で生まれたの？

文法 be born「生まれる」受動態。
語い be from ...「…の出身だ」

M: No. I just moved here **last year**. I'm from Destin, Florida. Have you ever **heard of it**?
いや、去年引っ越してきたばかりなんですよ。フロリダのデスティン出身です。聞いたことはありますか？

文法 Have you ever heard of ...?「…について聞いたことがありますか？」現在完了形の経験用法。
語い move「引っ越す」hear of ...「…について聞く」
発音 last year は音が混じり合ってつながり［ラスチャー］のように発音される場合がある。heard of it は、つながって一部が跳ね［ハーダ［ラ］ヴィッ(ト)］のように発音されることがある。

F: No. **Is it anywhere** near Miami?
いいえ、どこかマイアミに近いところですか？

発音 it から［t］音が脱落することがある。また、次の母音とつながり音が跳ねることもある。

M: No. It's on the Gulf of Mexico in the Florida panhandle. It's a popular tourist location because of the **beautiful** beaches **and** sport fishing.
いや、フロリダ・パンハンドルのメキシコ湾沿いなんですよ。美しいビーチがあって、スポーツ・フィッシングもできるので、人気の観光地になっているんです。

文法 because of ...「…のため」理由を表す。
語い gulf「湾」panhandle「細長い地域」tourist location「観光地」
発音 beautiful は音が跳ね［ビューディ[リ]フル］のように発音。and からは［ d ］音が脱落しやすい。

F: It **must** be **quite a** shock moving to a big **city** like this.
こういう大都市に引っ越してくるのはすごくショックでしょ。

文法 moving to ...「…に引っ越すこと」moving は動名詞で、このセンテンスの真主語になっている。文頭の It が形式上の主語。
発音 must からは［ t ］音が脱落しやすい。quite a はつながって音が跳ね［クアイダ［ラ]］と発音。city も音が跳ね［シディ[リ]ー］と発音されることがある。

M: I'm still **getting used** to all the people **and** congestion here. The cost of living is also much higher here.
こちらの人の多さと混み具合に、まだ慣れているところですよ。こっちは生活費もかなり高いですしね。

文法 much higher「かなり高い」higher は比較級。
語い get used to ...「…に慣れる」congestion「混雑；密集」cost of living「生活コスト」
発音 getting は音が跳ね［ゲッディ[リ]ン（グ)］のように発音されることがある。used と and からは、末尾の破裂音が脱落しやすい。

F: **What** do you like **about** being here?
こちらで気に入っていることはなんですか？

文法 being here「ここにいること」being は動名詞。
発音 What と about の末尾の［ t ］音が脱落しやすい。

M: I really enjoy having four seasons. In Florida **it is pretty** much summer all year round.
四季があるところがすごくいいですね。フロリダでは年中ほぼ夏ですからね。

文法 enjoy -ing「…することが楽しい」-ing は動名詞。
発音 it is は短縮形の［イッツ］の発音、あるいは、つながって跳ね［イッディ[リ]ズ］という発音になる。pretty は音が跳ね［プリディ[リ]ー］と発音される。

## Step 4 | ダイアローグ・シャドーイング

**ナチュラル・スピードの音声**でダイアローグをシャドーイングしよう！

女性パートのみのシャドーイング ▶ 男性パートのみのシャドーイング ▶ ダイアローグすべてのシャドーイングの順に練習しよう。 DL 179

---

F: So where are you from? Were you born here in New York City?

M: No. I just moved here **last year**. I'm from Destin, Florida. Have you ever **heard of it**?

F: No. **Is it anywhere** near Miami?

M: No. It's on the Gulf of Mexico in the Florida panhandle. It's a popular tourist location because of the **beautiful** beaches **and** sport fishing.

F: It **must** be **quite a** shock moving to a big **city** like this.

M: I'm still **getting used** to all the people **and** congestion here. The cost of living is also much higher here.

F: **What** do you like **about** being here?

M: I really enjoy having four seasons. In Florida **it is pretty** much summer all year round.

F: で、あなたはどちらのご出身なの？ このニューヨーク市で生まれたの？

M: いや、去年引っ越してきたばかりなんですよ。フロリダのデスティン出身です。聞いたことはありますか？

F: いいえ、どこかマイアミに近いところですか？

M: いや、フロリダ半島のメキシコ湾沿いなんですよ。美しいビーチがあって、スポーツ・フィッシングもできるので、人気の観光地になっているんです。

F: こういう大都市に引っ越してくるのはすごくショックでしょ。

M: こちらの人の多さと混み具合に、まだ慣れているところですよ。こっちは生活費もかなり高いですしね。

F: こちらで気に入っていることはなんですか？

M: 四季があるところがすごくいいですね。フロリダでは年中ほぼ夏ですからね。

## ＋α・シャドーイング

音声変化していて発音に特徴があるところを太字にしています。太字の部分の発音に注意して、**関連表現をナチュラル・スピード**でシャドーイングしよう！

DL 180

1 I was born **and** raised in London, so I'm **used** to big-city life.
ロンドンで生まれ育ったので、大都市での生活には慣れています。
＊ be raised「育てられた」be used to ...「…に慣れている」

2 I grew **up on a** small horse farm in Nebraska.
ネブラスカの小さな馬の牧場で育ちました。

3 I was **born in** Los Angeles, **but** my family moved around a lot.
ロサンゼルス生まれですが、家族でたくさん引っ越しをしました。

4 The area where I grew **up in** Florida is famous for its grapefruit.
フロリダの私が育った地域はグレープフルーツで有名なんですよ。
＊ be famous for ...「…で有名だ」

5 My family lives **in a** small fishing village on the coast.
家族は、海岸沿いの小さな漁村で暮らしています。

6 **What** do you miss most **about your** hometown?
故郷のことでいちばん懐かしいことはなんですか？
＊ miss「(なくて) さみしく思う」

7 Do you ever **get** homesick?
ホームシックになったことはありますか？

8 If I **didn't have to** live here for work, I'd move back.
もし仕事でこちらに住まなくていいのなら、(故郷に) 戻るでしょうね。
＊ move back「もといた場所に戻る」

Unit
# 46 人物についての会話

Step 1～4に沿って学習し、「英語の口」を鍛えよう！

## Step 1-3 センテンス・シャドーイング

Step 1 下のスクリプトを見て、音声を聞きながら、各センテンスを理解してみよう！ そのときに、**文法や語いの解説**を読んで理解を深めよう！ DL 181

Step 2 **スロー・スピード**で各センテンスをシャドーイングしよう！ DL 181

Step 3 **ナチュラル・スピード**で各センテンスをシャドーイングしよう！ DL 182

（M=Male, F=Female）

M: So **what** do you think of the new CEO?

で、君は新しいCEOについてどう思ってるの？

語い CEO「最高経営責任者」

発音 what からは末尾の［ t ］音が脱落しやすい。

F: He's only been here a few days so it's **hard** to say. He seems to be very principled **and** organized.

彼がここに来てまだ数日だから難しいけどね。とても信念があって有能そうね。

文法 it's hard to say「判断するのが難しい」it ... to ... の構文。
seem to ...「…のようだ」to 不定詞の名詞的用法。

語い principled「信念のある」organized「物事の整理ができしっかりした；有能な」

発音 hard と and から［ d ］音が脱落しやすい。

M: I hear he's well qualified for the position, **but** rumor has **it** he's really **hard on** his subordinates.

彼は役職に就くのに十分な資格があるそうだけど、部下にはとても厳しいそうだよ。

文法 rumor has it (that) ...「うわさでは…ということだ」it が形式目的語で that 以降が実際の内容を表している。

語い qualified「資格のある」position「地位」

発音 but と it からは末尾の［ t ］音が脱落しやすい。hard on はつながって跳ね［ハード［ロ］ン］のように発音されることがある。

F: Where **did you** hear that?

どこで聞いたのよ？

発音 did you は音が混じり合ってつながり［ディッジュー］あるいは［__ッジュー］のように発音。

M: I have a friend **that used** to work under him at UNITEL Corporation. They said all the department managers **couldn't stand him**.
ユニテル社で彼の部下だった友人がいるんだ。部長連中みんな彼が嫌いだったって。

語い work under ...「…のもとで働く」department manager「部長」
発音 that と used からは末尾の［ t ］音が脱落しやすい。couldn't は［クんン（ト）］のような発音になることがある。stand him は him が弱まってつながり［スタンディム］のように発音される場合がある。

F: He seems like a nice-enough guy. I **didn't get that** impression **at all**.
十分いい人に見えるけど。そんな印象はちっとも受けなかったわ。

語い seem like ...「…のように見える；思える」impression「印象」
発音 didn't, get, that のいずれからも末尾の［ t ］音が脱落しやすい。at all はつながって跳ね［アッド［ロ］ーゥ］のように発音。

M: I guess we'll **find out** what he's really like soon enough.
彼が実際どんな人かは、すぐにわかるだろうけどね。

文法 what he's really like「彼が実はどんな感じか」間接疑問文。
発音 find out はつながって［ファインダウ（ト）］あるいは［ファイナウ（ト）］のように発音されることがある。

F: He **must** be talented as a manager to be hired so young. I was shocked when I heard his age.
あれほど若くして雇われてるんだから、経営者として有能なんでしょうね。彼の年齢を聞いたときショックを受けたわ。

文法 to be hired so young「あれほど若く雇われるとは」不定詞の副詞的用法。判断を表す。
発音 must からは［ t ］音がなくなる場合がある。

M: No kidding. He's already saved two global companies from **bankruptcy** ... so he **must** be good.
まったくだね。もう2社も国際的な大企業を倒産から救ってるんだから、有能に違いないね。

語い No kidding.「まったくだ」「冗談ではない」が直訳。
発音 bankruptcy からは［ t ］音が脱落しやすい。must の［ t ］も脱落することが多い。

## Step 4 | ダイアローグ・シャドーイング

**ナチュラル・スピードの音声**でダイアローグをシャドーイングしよう！
女性パートのみのシャドーイング ▶ 男性パートのみのシャドーイング ▶ ダイアローグすべてのシャドーイングの順に練習しよう。 DL 183

M: So **what** do you think of the new CEO?

F: He's only been here a few days so it's **hard** to say. He seems to be very principled **and** organized.

M: I hear he's well qualified for the position, **but** rumor has **it** he's really **hard on** his subordinates.

F: Where **did you** hear that?

M: I have a friend **that used** to work under him at UNITEL Corporation. They said all the department managers **couldn't stand him**.

F: He seems like a nice-enough guy. I **didn't get that** impression **at all**.

M: I guess we'll **find out** what he's really like soon enough.

F: He **must** be talented as a manager to be hired so young. I was shocked when I heard his age.

M: No kidding. He's already saved two global companies from **bankruptcy** ... so he **must** be good.

M: で、君は新しいCEOについてどう思ってるの？

F: 彼がここに来てまだ数日だから難しいけどね。とても信念があって有能そうね。

M: 彼は役職に就くのに十分な資格があるそうだけど、部下にはとても厳しいそうだよ。

F: どこで聞いたのよ？

M: ユニテル社で彼の部下だった友人がいるんだ。部長連中みんな彼が嫌いだったって。

F: 十分いい人に見えるけど。そんな印象はちっとも受けなかったわ。

M: 彼が実際どんな人かは、すぐにわかるだろうけどね。

F: あれほど若くして雇われてるんだから、経営者として有能なんでしょうね。彼の年齢を聞いたときショックを受けたわ。

M: まったくだね。もう２社も国際的な大企業を倒産から救ってるんだから、有能に違いないね。

## ＋α・シャドーイング

音声変化していて発音に特徴があるところを太字にしています。太字の部分の発音に注意して、**関連表現をナチュラル・スピード**でシャドーイングしよう！

DL 184

1 He hardly talks to anyone because **he is** so shy.
彼はすごく照れ屋なので、ほとんどだれとも話をしないのよね。

2 I only spoke to him once, **but he** was very **courteous** to me.
彼とは一度話しただけだけど、私にはすごくていねいだったよ。
＊ courteous「礼儀正しい」

3 People say he's rude **but I** think he's really nice.
みんなは彼が不躾だって言うけど、私はとてもいい人だと思うな。

4 She's **got a** very overbearing **personality**.
彼女はとても高圧的な性格をしているのよ。
＊ overbearing「高圧的な；横柄な」

5 She talks too much. All she does is gossip.
彼女はおしゃべりすぎるわ。うわさ話ばかりしているのよ。
＊ gossip「うわさ話をする；無駄話をする」

6 He's so stubborn. He never listens to anyone!
彼はとても頑固だよ。だれの言うことも聞かないんだもの！
＊ stubborn「頑固な」

7 It takes him a while to warm **up to** people.
彼は人に慣れるのに時間がかかるのよね。
＊ warm up to ...「（人）に慣れる；（人）を受け入れる」

8 She's a very demanding boss, **but her** employees respect her.
彼女はとても要求が強い上司だけど、社員は彼女を尊敬しているわ。

Unit
# 47 消息についての会話

Step 1～4に沿って学習し、「英語の口」を鍛えよう！

## Step 1-3 センテンス・シャドーイング

Step 1 下のスクリプトを見て、音声を聞きながら、各センテンスを理解してみよう！ そのときに、**文法や語いの解説**を読んで理解を深めよう！ DL 185

Step 2 **スロー・スピード**で各センテンスをシャドーイングしよう！ DL 185

Step 3 **ナチュラル・スピード**で各センテンスをシャドーイングしよう！ DL 186

（M=Male, F=Female）

M: You know John Smith, right? I **haven't** seen him at the bar **in a** long time.
ジョン・スミスを知ってるよね？ 長いこと彼をバーで見かけないんだよね。

文法 haven't seen「会っていない」現在完了形。
語い bar「酒場；居酒屋」in a long time「長い間」
発音 haven't からは［ t ］音が脱落する場合がある。in a は音がつながり［イナ］と発音される場合がある。

F: Of course. You didn't hear? He **moved to** New York three months ago.
当然よ。聞いてないの？ 彼は3カ月前にニューヨークに引っ越したのよ。

語い move「引っ越す」
発音 moved to の moved から、末尾の［ d ］音が脱落する。

M: Really?! Was he transferred for work or something?
そうなの？！ 仕事で異動かなにかになったの？

文法 be transferred「異動させられる」受動態。ここでは疑問文になっている。
語い transfer「異動させる；転任させる」

F: No! He met a girl from New York **City** and they **got engaged**.
全然！ ニューヨーク市の女の子と出会って婚約したのよ。

語い get engaged「婚約する」
発音 City は音が跳ね［シディ[リ]ー］のように発音。got からは［ t ］音が脱落する場合がある。got engaged の2語がつながって跳ね［ガッデ［レ］ンゲイジド］と発音されることもある。

## Long Time No See

M: No **kidding**? I had no idea. I was wondering why he disappeared.
うっそー！ 知らなかったよ。どうしていなくなったのかなあって思ってた。

文法 why he disappeared「彼がなぜ消えたのか」間接疑問文。
語い wonder「あれこれ思い巡らす；不思議に思う」
発音 kidding は音が跳ね［キディ[リ]ング］のように発音される場合がある。

F: I heard she comes from a family with money.
彼女の家がお金持ちだって聞いたわよ。

語い come from ...「…の出身」family with money「金持ちの家」

M: Do you have a way to **get in** touch **with him**?
彼と連絡を取る方法はあるかな？

文法 way to ...「…する方法」不定詞の形容詞的用法。
語い get in touch with ...「…と連絡を取る」
発音 get in はつながって跳ね［ゲッディ[リ]ン］のように発音されることがある。with him は him が弱まり［ウィズィム］のように発音されることがある。

F: I have his contact information at home. I can e-mail **it to** you if you like.
家に帰れば連絡先の情報はわかるわよ。よかったらEメールで送るけど。

文法 if you like「もしそうしてほしければ」場合を表す。
語い contact information「連絡先情報」e-mail「Eメールする」
発音 it to の it から［t］音が脱落することがある。

M: Please do. I'd **like to** stay in touch. I always **liked him**.
そうして。連絡を取りたいんだ。ずっと彼のこと気に入ってたからさ。

文法 Please do.「そうしてください」ていねいな命令文。Please ＋ ＜動詞の原形＞。
語い stay in touch「連絡を取り合う」
発音 like to からは［k］音が脱落することがある。liked him は him が弱まってつながり［ライクティム］のように発音することがある。

## Step 4 | ダイアローグ・シャドーイング

**ナチュラル・スピードの音声**でダイアローグをシャドーイングしよう！
女性パートのみのシャドーイング ▶ 男性パートのみのシャドーイング ▶ ダイアローグすべてのシャドーイングの順に練習しよう。 DL 187

M: You know John Smith, right? I **haven't** seen him at the bar **in a** long time.

F: Of course. You didn't hear? He **moved to** New York three months ago.

M: Really?! Was he transferred for work or something?

F : No! He met a girl from New York **City** and they **got engaged**.

M: No **kidding**? I had no idea. I was wondering why he disappeared.

F : I heard she comes from a family with money.

M: Do you have a way to **get in** touch **with him**?

F : I have his contact information at home. I can e-mail **it to** you if you like.

M: Please do. I'd **like to** stay in touch. I always **liked him**.

M: ジョン・スミスを知ってるよね？ 長いこと彼をバーで見かけないんだよね。

F: 当然よ。聞いてないの？ 彼は3カ月前にニューヨークに引っ越したのよ。

M: そうなの？！ 仕事で異動かなにかになったの？

F: 全然！ ニューヨーク市の女の子と出会って婚約したのよ。

M: うっそー！ 知らなかったよ。どうしていなくなったのかなあって思ってた。

F: 彼女の家がお金持ちだって聞いたわよ。

M: 彼と連絡を取る方法はあるかな？

F: 家に帰れば連絡先の情報はわかるわよ。よかったらEメールで送るけど。

M: そうして。連絡を取りたいんだ。ずっと彼のこと気に入ってたからさ。

## ＋α・シャドーイング

音声変化していて発音に特徴があるところを太字にしています。太字の部分の発音に注意して、**関連表現をナチュラル・スピード**でシャドーイングしよう！

DL 188

1 Have you heard from Fred Ferguson **recently**? I **haven't** seen him in months.
最近、フレッド・ファーガソンから連絡はある？　彼とは何カ月も会ってないわ。

2 Do you know **how to get a** hold of Katie Stephens?
ケイティー・スティーヴンスと連絡を取る方法はわかる？
＊ get a hold of ...「…と連絡を取る」

3 **What ever** happened to that friend of yours, Carl was it?
あなたのあの友達には、いったいなにがあったのよ？ カールだったっけ？

4 I **haven't** heard from her **in ages**. We **used to** be really close friends.
彼女からは長いこと連絡がないわ。以前はホントに親しい友達だったのに。

5 **Didn't you** know?! He passed away earlier this year.
知らなかったの？ 彼は今年のはじめに亡くなったのよ。

6 I heard he **moved back** home to take care of his mother.
彼、お母さんの面倒をみるために家に戻ったんだって。

7 Last I knew he was **living** in Florida, **working** for the family business.
私の知る限りでは、フロリダに住んでて、家業のために働いてたはずよ。
＊ Last I knew ...「私の知っている限りでは…；最後に聞いたのは…」

8 He's doing well. I just **talked to** him the other day.
彼は元気よ。ついこの前彼と話をしたばかりなの。

Unit

# 48 子供についての会話

Step 1～4 に沿って学習し、「英語の口」を鍛えよう！

## Step 1-3 センテンス・シャドーイング

Step 1 下のスクリプトを見て、音声を聞きながら、各センテンスを理解してみよう！ そのときに、**文法や語いの解説**を読んで理解を深めよう！ DL 189

Step 2 **スロー・スピード**で各センテンスをシャドーイングしよう！ DL 189

Step 3 **ナチュラル・スピード**で各センテンスをシャドーイングしよう！ DL 190

(M=Male, F=Female)

F: Hi Jim! Long time no see! **How've you been**?
ジム、こんにちは！ 久しぶりね！ どうしてた？

文法 How've ＝ How have の短縮。
語い Long time no see!「久しぶり」直訳は「長い時間、会っていない」
発音 How've you been? は短く速く［ハウヴユビン］のように発音。

M: I'm **doing great**, Cindy. How **about you**?
元気にやってるよ、シンディー。そっちはどう？

語い How about ...?「…はいかが？；…はどう？」
発音 doing great の doing からは［ g ］の音が抜けることがある。about you は音が混じり合ってつながって［(ア) バウチュー］と発音する場合がある。

F: I'm good, thanks. How are the kids?
いいわよ。お子さんたちはどう？

語い kids「子供たち」

M: They're great. Jack's **about to** graduate from high school and Jill is a sophomore in college.
元気だよ。ジャックは高校を卒業するところで、ジルは大学の２年生なんだ。

語い be about to ...「ちょうど…するところだ」graduate from ...「…を卒業する」sophomore「大学２年生」

発音 about to は［アバウッ__トゥー］あるいは［アバウドゥ[ル]ー］のように発音されることがある。

F: Wow! They were just **little** the last time I saw them.
へえ！最後に会ったときは、ほんの小さな子供だったのに。

文法 the last time (when) I saw them「私が最後に会ったとき」関係副詞の when が省略されている。
発音 little は音が跳ね［リドゥ[ル]ゥ］のように発音。

M: Yeah, they grow up fast! Jill actually **just got engaged**!
うん、成長するのが早いよね！実は、ジルは婚約したばかりなんだよ！

語い grow up「成長する；大人になる」actually「実は」get engaged「婚約する」
発音 just got engaged は［ジャス__ガッデ［レ］ンゲイジド］あるいは［ジャス__ガッ__エンゲイジド］のように発音。脱落や音の跳ねが発生しやすい。

F: That's great! **Did they** set a wedding **date yet**?
すばらしいわ！もう結婚式の日取りは決まってるの？

語い wedding date「結婚式の日取り」yet「もう」
発音 Did they からは［ d ］の音が脱落。date yet は date の［ t ］音が脱落したり、つながって変化し［デイチェット］のように発音することがある。

M: No. They're **going to** wait until they both finish school.
いや。ふたりが学校を卒業するまで待つつもりなんだよ。

文法 until ...「…するまで」継続の終了時を示す接続詞。
語い they both「彼らの両方とも」finish school「学校を終える」
発音 going to は［ゴウイン__トゥー］あるいは［ゴナ］と発音。

## Step 4 ダイアローグ・シャドーイング

**ナチュラル・スピードの音声**でダイアローグをシャドーイングしよう！
女性パートのみのシャドーイング ▶ 男性パートのみのシャドーイング ▶ ダイアローグすべてのシャドーイングの順に練習しよう。 DL 191

F: Hi Jim! Long time no see! **How've you been**?

M: I'm **doing great**, Cindy. How **about you**?

F: I'm good, thanks. How are the kids?

M: They're great. Jack's **about to** graduate from high school and Jill is a sophomore in college.

F: Wow! They were just **little** the last time I saw them.

M: Yeah, they grow up fast! Jill actually **just got engaged**!

F: That's great! **Did they** set a wedding **date yet**?

M: No. They're **going to** wait until they both finish school.

F: ジム、こんにちは！ 久しぶりね！ どうしてた？

M: 元気にやってるよ、シンディー。そっちはどう？

F: いいわよ。お子さんたちはどう？

M: 元気だよ。ジャックは高校を卒業するところで、ジルは大学の２年生なんだ。

F: へえ！ 最後に会ったときは、ほんの小さな子供だったのに。

M: うん、成長するのが早いよね！ 実は、ジルは婚約したばかりなんだよ！

F: すばらしいわ！ もう結婚式の日取りは決まってるの？

M: いや。ふたりが学校を卒業するまで待つつもりなんだよ。

## ＋α・シャドーイング

音声変化していて発音に特徴があるところを太字にしています。太字の部分の発音に注意して、**関連表現をナチュラル・スピード**でシャドーイングしよう！

DL 192

1 Do you two have any children yet?
まだおふたりに子供はいないの？

2 How are your children **doing**? They **should be** in their teens now, **right**?
お子さんたちはどうしてる？ そろそろティーンエイジャーでしょ？

3 My son just joined the Boy Scouts! I'm really **proud of** him.
息子が、ボーイ・スカウトに入団したところなの！ 自慢の息子よ。

4 They're **doing** fantastic. **Eating** us out of house and home of course!
とても元気にしてるよ。もちろんお金はバカみたいにかかるけど！
＊ eat ... out of house and home「…の財産を食いつぶす；…にひどくお金がかかる」

5 We're **about to** become grandparents! Our **daughter** is having a baby!
まもなく孫ができるのよ！ 娘に赤ちゃんができるの！

6 Our youngest **daughter** is **about to** enter college.
いちばん下の娘は大学に入学するところよ。

7 The last of our three children is finally **leaving** the nest.
3人の子供の最後のひとりが、ついに家を出るのよ。
＊ nest「巣」ここでは家庭を指す。

8 Our middle son Joey broke his leg playing soccer last month.
真ん中の息子のジョーイが、先月サッカーをやっていて脚を骨折したの。

Unit

# 49 婚約した人との会話

Step 1～4に沿って学習し、「英語の口」を鍛えよう!

## Step 1-3 センテンス・シャドーイング

Step 1 下のスクリプトを見て、音声を聞きながら、各センテンスを理解してみよう! そのときに、**文法や語いの解説**を読んで理解を深めよう! DL 193

Step 2 **スロー・スピード**で各センテンスをシャドーイングしよう! DL 193

Step 3 **ナチュラル・スピード**で各センテンスをシャドーイングしよう! DL 194

(M=Male, F=Female)

M: I hear you **got engaged** ... congratulations! When is the wedding?
婚約したんだってね…おめでとう! 式はいつなの?

文法 I hear (that) ...「…だと聞いている」that 以下は名詞節。
語い get engaged「婚約する」congratulations「おめでとう」
発音 got engaged はつながって跳ね[ガッデ[レ]ンゲイジド]のように発音することがある。

F: We are **getting** married next October, **but** we **haven't** set a date yet.
来年の10月に結婚する予定だけど、まだ日取りは決めてないの。

文法 haven't set「決めていない」現在完了形の完了用法。
語い set a date「日取りを決める」
発音 getting は音が跳ね[ゲディ[リ]ング]のように発音。but や haven't は末尾の[t]音が脱落しやすい。

M: What **kind of** ceremony are you **going to** have?
どんな結婚式にする予定?

語い what kind of ...「どんな種類の…」
発音 kind of は[カイダヴ]あるいは[カイナヴ]のように発音。going to は[ゴウイン_トゥー]あるいは[ゴナ]という発音になる。

F: I've always wanted an **outdoor** wedding. We're **thinking about a** small wedding on the beach.
ずっとアウトドアの結婚式がしたいと思ってたの。ビーチで小さな式をしようと考えてるの。

語い outdoor「屋外の；アウトドアの」beach「浜辺；ビーチ」

発音 outdoor からは［ t ］音が脱落しやすい。thinking about a は音が脱落したり跳ねたりして［スィンキンガバウダ［ラ］］あるいは［スィンキナバウダ［ラ］］のように変化することがある。

M: **What are** your plans for the honeymoon?

ハネムーンの計画は？

語い honeymoon「ハネムーン；新婚旅行」

発音 What are はつながって跳ね［ワッダ［ラ］ー］のように発音。

F: We **haven't** decided yet, **but** we definitely **want** to go overseas ... maybe to France.

まだ決めてはいないけど、海外へは絶対に行きたいの…たぶんフランスね。

語い decide「決める」definitely「絶対に」go overseas「海外に行く」maybe「たぶん；おそらく」

発音 haven't や but, want からは末尾の［ t ］音が脱落しやすい。

M: That's where my wife **and** I went! You'll love it! If you need any recommendations, just **let** me know.

フランスは僕とワイフが行った場所だよ！ 気に入ると思うよ！ おすすめが聞きたかったら、言ってね。

文法 That's (the place) where ...「それは…な場所だ」where は関係副詞。

let me know「私に知らせて」let は使役動詞。

語い recommendation「推薦；おすすめ」

発音 and と let からは、末尾の［ d ］［ t ］音が脱落しやすい。

F: It's just so expensive! Even though we have a year it's **pretty** overwhelming.

すごく高いのよね！ 1年あるとはいえ、かなり大変だわ。

文法 Even though ...「たとえ…であっても」逆接を表す。

語い expensive「高価な」overwhelming「(圧倒的に) 大変な」

発音 pretty は音が跳ね［プリディ［リ］ー］のように発音。

## Step 1 ダイアローグ・シャドーイング

**ナチュラル・スピードの音声**でダイアローグをシャドーイングしよう！
女性パートのみのシャドーイング ▶ 男性パートのみのシャドーイング ▶ ダイアローグすべてのシャドーイングの順に練習しよう。DL 195

M: I hear you **got engaged** ... congratulations! When is the wedding?

F: We are **getting** married next October, **but** we **haven't** set a date yet.

M: What **kind of** ceremony are you **going to** have?

F: I've always wanted an **outdoor** wedding. We're **thinking about a** small wedding on the beach.

M: **What are** your plans for the honeymoon?

F: We **haven't** decided yet, **but** we definitely **want** to go overseas ... maybe to France.

M: That's where my wife **and** I went! You'll love it! If you need any recommendations, just **let** me know.

F: It's just so expensive! Even though we have a year it's **pretty** overwhelming.

M: 婚約したんだってね…おめでとう！ 式はいつなの？

F: 来年の10月に結婚する予定だけど、まだ日取りは決めてないの。

M: どんな結婚式にする予定？

F: ずっとアウトドアの結婚式がしたいと思ってたの。ビーチで小さな式をしようと考えてるの。

M: ハネムーンの計画は？

F: まだ決めてはいないけど、海外へは絶対に行きたいの…たぶんフランスね。

M: フランスは僕とワイフが行った場所だよ！ 気に入ると思うよ！ おすすめが聞きたかったら、言ってね。

F: すごく高いのよね！ 1年あるとはいえ、かなり大変だわ。

## ＋α・シャドーイング

音声変化していて発音に特徴があるところを太字にしています。太字の部分の発音に注意して、**関連表現をナチュラル・スピード**でシャドーイングしよう！

DL 196

1 We're **undecided about** where to have the reception.
披露宴の場所はまだ決めていないの。
＊ reception「披露宴」

2 We can't agree on **what** to do **about** the ceremony.
式でなにをするか意見がまとまらないのよ。

3 We **haven't** planned that far ahead yet.
まだそんな先まで計画はしてないわ。

4 We're **not planning** to have a ceremony. We are **going to** invite our friends **and** have a **party**.
結婚式はしないつもり。友人たちを呼んでパーティーをするつもりなの。

5 We've already **got our** schedule all mapped out.
細かな計画はもう全部出来上がっているの。
＊ map out「詳細な計画を立てる」

6 I would prefer to have a big wedding, **but** we can't **afford it**.
大きな式のほうがいいんだけど、そんなお金は払えないわ。
＊ prefer to ...「…するほうを好む」

7 **What** we will do will depend on how much we can save up.
なにをするかは、お金がどれだけ貯められるかによるわ。
＊ depend on ...「…による」

8 We're **going to** have a small wedding with family and a few friends.
家族と何人かの友人で小さな結婚式を挙げるつもり。

Unit

# 50 仲直りする時の会話

Step 1～4に沿って学習し、「英語の口」を鍛えよう！

## Step 1-3 センテンス・シャドーイング

Step 1 下のスクリプトを見て、音声を聞きながら、各センテンスを理解してみよう！ そのときに、**文法や語いの解説**を読んで理解を深めよう！ DL 197

Step 2 **スロー・スピード**で各センテンスをシャドーイングしよう！ DL 197

Step 3 **ナチュラル・スピード**で各センテンスをシャドーイングしよう！ DL 198

（M=Male, F=Female）

M: Kelly. I **want to** apologize for some of the things I said last night.
ケリー、昨日の夜、僕が言ったこと謝りたいんだ。

文法 some of the things I said「私が言ったことのいくつか」I said 以降は関係代名詞節

語い apologize for ...「…について謝る」

発音 want to の want から［t］音が脱落する。

F: I still **can't believe** you **said that**. You really hurt my feelings!
あなたがあんなこと言うなんて、まだ信じられないわ。私、ホントに傷ついたのよ！

文法 can't believe (that) ...「…を信じられない」that 以降は名詞節。

語い hurt「傷つける」feelings「感情；気持ち」

発音 can't believe から［t］音が脱落する。said that の［d］音も脱落することがある。

M: I know. I was **stressed** out because of problems **at work** and I **took it out on you**.
わかってる。仕事のトラブルでイライラが溜まってたんだよ。それで、君に八つ当たりしちゃったんだ。

文法 be stressed out「ストレスで疲れている」受動態の表現。
because of ...「…が理由・原因で」理由を表すフレーズ。

発音 stressed は音が変化し［スチュレスト］に近い発音になる。at work からは［t］音が脱落しやすい。took it out on you は、つながって音が跳ね［トゥッキッダ［ラ］ウド［ロ］ニュー］のように発音。

# Making Up



F: You made me so upset! I cried all night!
滅茶苦茶な気持ちになって、ひと晩中泣いてたのよ！

文法 You made me so upset!「あなたが私をとても動転させた！」SVOCの文。
語い upset「動揺して；動転して；怒って」

M: I know. **And I don't want to** leave things like that. I'm really sorry.
そうだね。だから、そのままにはしておきたくないんだ。ほんとうにごめんね。

語い leave「そのままにする」sorry「すまないと思う」
発音 And I は［ d ］音がなくなってつながり［アナイ］のように発音することがある。don't want to の don't と want から［ t ］音が脱落する。

F: Do you promise never to say anything like **that again**?!
あんなこと二度と言わないって約束する？

文法 promise never to ...「二度と…しないと約束する」不定詞の名詞的用法。
発音 that again はつながって跳ね［ザッダ［ラ］ゲン］のように発音。

M: I swear on my life. You're my best friend. Can you forgive me?
誓うよ。君は僕の親友だから。許してくれるかい？

語い swear「誓う」on one's life「命にかけて」forgive「許す」

F: I'll think **about it**. If you buy me dinner, **it will** help me think **better**.
考えさせて。夕食をごちそうしてくれたら、うまく考え直せるかも。

文法 If ...「もし…なら」場合を表す。
発音 about it はつながって跳ね［アバウディ[リ]ッ(ト)］のように発音。it will からは［ t ］が脱落することがある。better は音が跳ね［ベダ［ラ]ー］と発音。

F: You **got it**! You just name the time and place!
わかったよ！時間と場所を指定して！

語い name「指定する」
発音 got it はつながって跳ね［ガッディ[リ]ッ(ト)］のように発音。

## Step 4 ｜ ダイアローグ・シャドーイング

**ナチュラル・スピードの音声**でダイアローグをシャドーイングしよう！

女性パートのみのシャドーイング ▶ 男性パートのみのシャドーイング ▶ ダイアローグすべてのシャドーイングの順に練習しよう。 DL 199

M: Kelly. I **want to** apologize for some of the things I said last night.

F: I still **can't believe** you **said that**. You really hurt my feelings!

M: I know. I was **stressed** out because of problems **at work** and I **took it out on you**.

F: You made me so upset! I cried all night!

M: I know. **And I don't want to** leave things like that. I'm really sorry.

F: Do you promise never to say anything like **that again**?!

M: I swear on my life. You're my best friend. Can you forgive me?

F: I'll think **about it**. If you buy me dinner, **it will** help me think **better**.

M: You **got it**! You just name the time and place!

M: ケリー、昨日の夜、僕が言ったこと謝りたいんだ。

F: あなたがあんなこと言うなんて、まだ信じられないわ。私、ホントに傷ついたのよ！

M: わかってる。仕事のトラブルでイライラが溜まってたんだよ。それで、君に八つ当たりしちゃったんだ。

F: 滅茶苦茶な気持ちになって、ひと晩中泣いてたのよ！

M: そうだね。だから、そのままにはしておきたくないんだ。ほんとうにごめんね。

F: あんなこと二度と言わないって約束する？

M: 誓うよ。君は僕の親友だから。許してくれるかい？

F: 考えさせて。夕食をごちそうしてくれたら、うまく考えられるかも。

M: わかったよ！時間と場所を指定して！

## ＋α・シャドーイング

音声変化していて発音に特徴があるところを太字にしています。太字の部分の発音に注意して、**関連表現をナチュラル・スピード**でシャドーイングしよう！

DL 200

1 I'm really sorry for the way **I acted** the other day.
この前の私の行動を後悔しているの。
＊ the way I acted「私が行動したやり方」＝「私の行動」

2 I **admit it**. **It** was all my fault.
認めるわ。すべて私の過ちなのよ。
＊ admit「認める」fault「過ち」

3 **We've been** friends for too long to **let this** come between us.
とても長い間、友達なんだから、こんなことが私たちの妨げになったりしないわ。
＊ come between ...「…の関係の妨げになる」

4 Can we just bury the hatchet **and** be friends again?
仲直りして、また友達になってくれる？
＊ bury the hatchet「争いをやめる」

5 I'll never **let it** happen again. I promise.
もう二度としないって約束する。
＊ promise「約束する」

6 I **didn't** mean to hurt your feelings. Honest.
あなたの気持ちを傷つけるつもりはなかったの。ほんとうに。
＊ Honest.「ほんとうに」

7 Of course I forgive you. **What are** friends for?
もちろんあなたのことを許すわ。だって友達だもの。

8 Tell me **what I need to** do to **make it up** to you.
あなたに償いをするのにはどうしたらいいか教えてほしいの。
＊ make it up「償う」

**音声ダウンロード・ストリーミング**
① PC・スマートフォンで本書の音声ページにアクセスします。
https://www.sanshusha.co.jp/np/onsei/isbn/9784384060539/
②シリアルコード「06053」を入力。
③音声ダウンロード・ストリーミングをご利用いただけます。


| | |
|---|---|
| 編集協力 | 本多真佑子 |
| 装幀・本文デザイン | 上坊菜々子 |
| カバーイラスト | 二村大輔 |
| ＤＴＰ | 小林菜穂美 |
| 音声収録 | 株式会社 誠音社 |
| 編集・営業担当 | 黒田健一 |

音声《おんせい》 DL 対応《たいおう》　改訂版《かいていばん》
**絶対《ぜったい》「英語《えいご》の口《くち》」になる！**
**リアルな日常会話で鍛える シャドーイング大特訓 50**

2023 年 3 月 30 日　第 1 刷発行
2024 年 7 月 30 日　第 2 刷発行

著　者　長尾和夫　トーマス・マーティン
発行者　前田俊秀
発行所　株式会社三修社
〒 150-0001　東京都渋谷区神宮前 2-2-22
TEL 03-3405-4511　FAX 03-3405-4522
振替 00190-9-72758
https://www.sanshusha.co.jp
印刷製本　壮光舎印刷株式会社




ISBN978-4-384-06053-9 C2082





本書は『絶対「英語の口」になる！リアルな日常会話で鍛える シャドーイング大特訓 50』（2013 年 三修社刊）を全面改訂したものです。